四季の保存食と作りおきレシピ100

安心・おいしい・らくらく！

家庭栄養研究会［編］

食べもの通信社

はじめに

　日本は四季の変化に恵まれ、山海の食材が世界一豊富な国と言われています。でも私たちは、旬の食材を味わう食生活を忘れてはいないでしょうか。旬の食材は栄養価が高く、おいしく、多量に出回る時期は、値段もリーズナブルです。

　この本では、旬の食材を使った保存食レシピと、まとめて作って日もちする作りおきおかずの100品を紹介しています。

　三度の食事を、そのつど手作りしようと思うと、子育て中の家庭や仕事をもつ人ならずとも、大きな負担になります。

　今、市販の総菜や加工食品、冷凍食品は、塩分や糖分、脂肪分が過多で、味も濃いめになっています。また、輸入原料が多く使用され、食品添加物や農薬残留の心配もあります。

　家庭で作る料理は、なにより安心で、経済的です。食は家族の健康の基本です。災害が多発する今、ライフラインが途絶えた場合に備え、保存食が果たす役割も見直したいものです。

　この本に掲載したレシピは、月刊『食べもの通信』（編集・家庭栄養研究会）の「チャレンジ手作り」など長期連載のなかから選りすぐったものです。どれをとっても、身近で手に入れやすい食材で、簡単に調理でき、栄養の点でもとても優れたレシピです。華やかさはありませんが、どこか懐かしく、家族の食卓にピッタリです。

　日本の和食は、2012年に世界無形文化遺産に登録されましたが、四季の保存食や作りおきのおかずは、エコロジー・エコノミーな和食の知恵です。このレシピが次世代に受け継がれ、皆様の食卓が豊かになることを願っています。

2015年1月　　　　　　　　　　　　　　　　　　　　　　家庭栄養研究会

もくじ

はじめに

■ 1月 睦月

もち米と米麹で作る甘酒 …………………………………… 7
 [アレンジ] 甘酒で作るべったら漬け ………………………… 8
 [アレンジ] 生サケの甘酒漬け ………………………………… 9
 [アレンジ] 甘酒で作る低塩の漬床 …………………………… 10
麹で漬けるニシン漬け ……………………………………… 11
カキのしぐれ煮 ……………………………………………… 12
みの干し大根漬け …………………………………………… 14
干しいも ……………………………………………………… 15

■ 2月 如月

寒仕込み 自家製みそ ……………………………………… 16
基本の練りみそ ……………………………………………… 18
 [アレンジ] フキノトウみそ／木の芽みそ ………………… 19
 [アレンジ] ネギみそ／ユズみそ …………………………… 20
 [アレンジ] 肉みそ …………………………………………… 21
クルミみそ …………………………………………………… 21
ミカンの皮の砂糖漬け ……………………………………… 22
 [アレンジ] ミカンの皮の砂糖漬け入り 蒸しパン ………… 23
基本の粕みそ床 ……………………………………………… 24
 [アレンジ] サワラの粕漬け ………………………………… 24
魚のみそ漬け ………………………………………………… 25

■ 3月 弥生

桜の花の塩漬け ……………………………………………… 26
 [アレンジ] 桜の花をあしらった桜もち ……………………… 27
 [アレンジ] お祝いの食卓に 桜おこわ ……………………… 28
菜の花の即席漬け …………………………………………… 29
フキの葉の佃煮 ……………………………………………… 30
五目豆 ………………………………………………………… 31

■ 4月 卯月

- 甘夏のマーマレード……………………………………………… 32
- 甘夏の皮の含め煮 ……………………………………………… 33
- イチゴジャム …………………………………………………… 34
- 干しタケノコ …………………………………………………… 35
  - [アレンジ] 干しタケノコの蒸しおこわ ………………………… 36
- チリメンジャコのふりかけ …………………………………… 37

■ 5月 皐月

- ぬか漬けの床作り ……………………………………………… 38
  - [アレンジ] ぬか漬け野菜 ………………………………………… 40
- 三五八漬けの床作り …………………………………………… 41
  - [アレンジ] キュウリの三五八漬け／カブの三五八漬け ……… 42
- サンショウの実の佃煮 ………………………………………… 43
  - [アレンジ] サンショウ風味　シイタケとコンブの佃煮 ……… 44
- 市販の牛乳で自家製ヨーグルト ……………………………… 45
- 茶の新芽で緑茶を作る ………………………………………… 46
- コールスローサラダ …………………………………………… 48
- 生野菜のしょうゆ漬け ………………………………………… 49

■ 6月 水無月

- 正統派　梅干し ………………………………………………… 50
- 減塩　梅のカリカリ漬け (小梅・中梅・大梅) ……………… 52
- 赤ジソのふりかけ　ゆかり …………………………………… 53
- カリカリ梅のシロップ漬け …………………………………… 54
- フレッシュ梅ジュース ………………………………………… 55
- 梅甘酢 …………………………………………………………… 56
- 梅酒 ……………………………………………………………… 57
- 梅じょうゆ ……………………………………………………… 58
- ラッキョウ漬け ………………………………………………… 59

■ 7月 文月

- 野菜のピクルス ………………………………………………… 60
- キュウリのピクルス …………………………………………… 61
- 梅酢と赤ジソで即席しば漬け ………………………………… 62

薬味のしょうゆ漬け ……………………………………………… 63
豆アジの南蛮漬け ………………………………………………… 64
イワシの辛煮 ……………………………………………………… 65
イワシのトウガラシ酢煮 ………………………………………… 66
シソジュース ……………………………………………………… 67

■ 8月 葉月

トマトピューレ …………………………………………………… 68
　[アレンジ] トマトケチャップ ………………………………… 69
作りおき濃縮だし汁 ……………………………………………… 70
二番だしの作り方 ………………………………………………… 71
ミョウガの甘酢漬け ……………………………………………… 72
新ショウガで自家製のガリ ……………………………………… 73
キュウリの炒め酢漬け …………………………………………… 74

■ 9月 長月

シソの実の塩漬け ………………………………………………… 75
　[アレンジ] シソの実と米麹のしょうゆ漬け ………………… 76
シソの実の佃煮 …………………………………………………… 77
あちゃら漬け ……………………………………………………… 78
鶏そぼろ …………………………………………………………… 79
サンマのショウガ煮 ……………………………………………… 80
クルミ入り田作り ………………………………………………… 81
蒸し野菜 …………………………………………………………… 82

■ 10月 神無月

エノキダケのカツオ風味 ………………………………………… 83
ドライアップル …………………………………………………… 84
リンゴジャム ……………………………………………………… 85
サバのそぼろ ……………………………………………………… 86
サケのフレーク …………………………………………………… 87
　[アレンジ] サバのそぼろ丼／イクラ・サケの親子丼 ……… 88
和菓子風　クリの渋皮煮 ………………………………………… 89

■ 11月 霜月

アジのひと塩干し ………………………………………………… 90

イカの一夜干し ………………………………………… 92
　イワシのみりん干し …………………………………… 93
　イワシのさつま揚げ …………………………………… 94
　千切り干し大根 ………………………………………… 95
　　[アレンジ] 切り干し大根の煮物 ……………………… 95
　　[アレンジ] 切り干し大根のハリハリ漬け …………… 96
　大根とユズの塩漬け …………………………………… 97
　ユズ巻き大根 …………………………………………… 97
　ユズたっぷり　大根なます …………………………… 98
　干し柿 …………………………………………………… 99

■ 12月 師走

　ハクサイの漬物 ………………………………………… 100
　本場直伝　ハクサイキムチ …………………………… 101
　自家製　イカのくん製 ………………………………… 103
　ワイン蒸し　生ホタテ貝のくん製 …………………… 105
　フライパンでかんたん豚肉のくん製 ………………… 106
　トビウオの板付きかまぼこ …………………………… 107
　コマツナのナムル ……………………………………… 108
　塩麹 ……………………………………………………… 109
　ユズ砂糖 ………………………………………………… 110

■ お台所のべんり帖

　保存容器はホウロウかガラス製、陶製のかめがおすすめ …… 112
　容器の消毒方法 ………………………………………… 113
　冷凍保存のポイント …………………………………… 114
　野菜の保存法 …………………………………………… 115
　乾物の戻し方 …………………………………………… 116
　調味料の選び方 ………………………………………… 117
　分量の目安 ……………………………………………… 119
　野菜の切り方 …………………………………………… 120
　魚のおろし方 …………………………………………… 122

食品別索引 ………………………………………………… 123
執筆者一覧 ………………………………………………… 126
家庭栄養研究会の紹介 …………………………………… 127

1月 | 睦月(むつき)

もち米と米麹で作る甘酒

米と麹を発酵させて作る甘酒は、ビタミンや酵素が豊富です。砂糖の代わりに甘味料として、お菓子や漬物にも使えます。炊飯器や保温鍋で手軽に作れます。

材料

米麹(乾燥麹)……… 400g	水…………………… 1100ml
もち米……………… 1カップ	(5.5カップ)

[作り方]

❶ 1カップのもち米を700mlの水で炊いて、おかゆにする。

❷ 残りの400mlの水を入れ、60度まで冷まし、ほぐした米麹を混ぜる。

❸ 炊飯器や保温鍋などの容器に入れ、60度に保って7時間ほど発酵させる。中身がトロトロになる。

❹ 鍋に入れて70度まで温めて発酵を止める。煮沸消毒したびんなどに入れて、冷蔵庫で保存する。

[保存]
- びんに小分けして冷蔵庫で保存する。
- 冷蔵庫で、2週間は保存できる。

[飲み方]
　水で少し薄め、温めて飲む。ショウガのしぼり汁やごく少量の塩を入れてもよい。ショウガを入れると体が温まる。砂糖の代わりに甘味料としても使える。

- 発酵中は、温度計で温度を管理するとよい。発酵しすぎると酸味が出てくるので注意。発酵を止めるときは70度以上にする。
- もち米で作ると甘さが増す。
- 米麹：水分を30％含有。そのまま使うことができる。保存期間は冷蔵庫で1〜2週間。
- 乾燥麹：生の米麹を乾燥させ、日もちを良くしたもので、常温で長期保存可能。

■甘酒は奈良時代から飲まれ、江戸時代には冷やして飲む、夏の栄養ドリンクとして庶民に親しまれた。ビタミンB群や酵素を豊富に含む、滋養たっぷりの自然の甘味料。

- アレンジ

甘酒で作るべったら漬け

　大根の表面に甘酒がたっぷり付いた東京を代表する漬物です。

材料

大根……………1/2本（約1kg）	塩（大根の重さの5％）……50g
甘酒…………………200g	

[作り方]
1. 大根の皮をむき、縦に4つ割りにして、2、3時間戸外で干す。
2. 干した大根に塩を振って1kgほどの重しをして、2時間ほど下漬けをする。

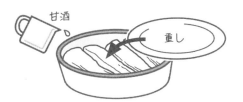

❸ 大根の水気を切り、甘酒を全体にからめ、皿1枚くらいの重しをしておく（トウガラシ、ユズ、コンブなどを千切りにして、一緒に漬けてもよい）。

● 4日ほどたてば食べごろ。

●アレンジ
生サケの甘酒漬け

生サケを甘酒に一晩漬け込んでから、焼きます。西京焼きのような深い味わいと軟らかい仕上がりに魅了されます。

材料（2人分）

生サケ……………………… 2切れ	酒………………………… 大さじ1
甘酒………………………… 60cc	塩………………………… ひとつまみ
薄口しょうゆ…………… 25cc	

[作り方]
❶ 生サケを好みの大きさに切る。
❷ 甘酒、薄口しょうゆ、酒、塩を合わせる。
❸ 生サケを❷に漬け、一晩冷蔵庫で寝かせる（切り身が薄い場合は半日でもよい）。
❹ キッチンペーパーなどで軽く漬け汁をふいてから、中火で焼く（焦げやすいので要注意）。

● 塩サケの場合は、塩としょうゆは加えずに、甘酒だけで漬ける。

（栗原澄子）

●アレンジ
甘酒で作る低塩の漬床

　塩分が気になる方のための漬床で、低塩でも発酵の力でさわやかな旨味が身上です。1～2日で食べられますが、10日くらいおいても低塩なので、味が激変しません。

[漬床の作り方]
　甘酒に、酢、しょうゆ、みそ、塩麹などを混ぜ、冷蔵庫で保存します。
割合
　　甘酒：酢（塩分ゼロ）　┐
　　甘酒：しょうゆ　　　　├ 10：3
　　甘酒：みそ　　　　　　┘
　　甘酒：塩麹 ────── 1：1
　　　＊漬床は数回使用したあと、調味料
　　　　として加熱して使い切る。動物性
　　　　の床は、必ず種類別にして漬ける。

[適した食材と下処理法・漬け方]
・生のまま漬ける
　大根、カブ、ニンジン、レンコン、ゴボウ、白ネギ、ナガイモ、キュウリ、セロリ、シロウリ、ピーマン、パプリカ、ミョウガ、ユズ、リンゴ、肉類（1～2日ほど漬けてから加熱調理する）など
・軽くゆでてから漬ける
　キクの花、フキ、ブロッコリー、カリフラワーなど
・軽く風に当ててから漬ける
　ハクサイ、キャベツなど

・薄塩を当ててから漬ける
　魚介類（2～3日漬けてから加熱調理する）
　　　＊漬けた野菜は洗わずに、食べます。

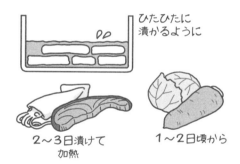

[応用：酒粕をプラスした漬床]
　酒粕と甘酒は1：1。酒粕を細かく切って、甘酒にひたしておき、すり鉢ですった漬床。塩気の強いサケなどの切り身魚や肉、塩を濃いめに下漬けした野菜を入れると、コクが出て非常においしくなります。

（吉田玲子）

麹で漬けるニシン漬け

東北や北海道など寒い地方で食べられてきた漬物です。身欠きニシンとキャベツや大根などを麹で漬けます。麹の甘味と発酵した酸味が絶妙な味わいを醸し出します。多めに作っておくと、冬の生野菜不足を補えます。

材料

キャベツ…………2kg(中2個)	赤トウガラシ……………1本
大根…………500g(中1/2本)	ユズ……………………適宜
ニンジン………100g(中1/2本)	塩(材料の2.3%)…………65g
土ショウガ……………30〜50g	
身欠ニシン…………100〜120g	*麹の甘酒(麹の替わりに使ってもよい。まろやかな味になる。ただし、砂糖が入っていないものを)……1カップ弱
(中3本)	
麹……………………200g	

[作り方]
① 身欠ニシンは、ぬるま湯でよく洗ってウロコや汚れを取る。米のとぎ汁に1晩漬け、水分を取り、長さ3cmに切る。
② 麹をほぐし、ぬるま湯をひたひたに入れ、軟らかくしておく。
③ キャベツは芯をとって大きくざく切り、大根はイチョウ切り。ニンジンとショウガとユズは千切り、赤トウガラシは種を取って輪切りにする。
④ ①と③の材料をすべて容器に入れ、②の麹と塩を入れてよく混ぜ合わせる。
⑤ ホウロウ容器かかめに入れ、すべての材料の1.5〜2倍(6〜7kg)の重しをのせる。翌日水が上がってきているか確認し、上がっていない場合は塩を少し加えるか、重しを増やす。重しがない場合、皿を重ねるとよい。
1週間たてば食べられる。

[保存]
寒冷の地域は戸外で保存。温暖な地域では密封容器に小分けして冷蔵庫で保存する。

● 身欠きニシンは、油が酸化しやすいので、鮮度のよいものを購入する。
　身欠きニシンがない場合、野菜だけでもおいしい。

（家庭栄養研究会）

カキのしぐれ煮

　カキには不足しがちな亜鉛や鉄、銅などのミネラルが豊富に含まれています。毎日の食卓にのせたい食材なので、しぐれ煮は、うってつけの常備菜です。

材料（作りやすい分量）

カキ（むき身）……… 500g	しょうゆ……… 大さじ3
ショウガ……… 50g	みりん……… 大さじ3
砂糖……… 大さじ1	塩（カキの洗い用）… 大さじ2～3
酒……… 大さじ3	

[カキの洗い方]
❶ボウルに目ざる（竹製の目の粗いざる）を重ね、カキを入れる。カキに塩をふりかけ、目ざるをゆすってぬめりを出す。
❷ボウルにためた水で、目ざるをゆすりながらカキを振り洗いする。塩気が完全に取れるまで水を替える。ざるごと上げて水気をよく切る。

●金属製のざるで洗うと、カキの身が崩れるので、竹製の目ざるがない場合、カキをボウルに入れ、塩を振り入れて、手で軽く混ぜて、汚れを出す。水を張ったボウルに移して汚れを取る。汚れが出なくなるまで、2、3回繰り返す。盆ざるに手ですくい上げて水気を切る。

[作り方]
❶ショウガは皮をこそげ取り、千切りにする。
❷調味料を砂糖、酒、しょうゆ、みりんの順に浅い鍋に入れ、中火にかけて煮立たせたら、カキとショウガを入れる。カキがぷっくりとふくらんで軽く火が通ったら、網じゃくしでカキを取り出し、煮汁を約半量になるまで

煮詰める。

●カキはあとで火を通すので、完全に火を通さないように。

❸カキを鍋に戻し、1〜2分間煮て味をしみこませたら、再びカキを鍋から取り出す。さらに煮汁を半量くらいまで煮詰めたら、カキを鍋に戻す。カキの身がしっかりしまってくるまで、これを2〜3回くり返す。

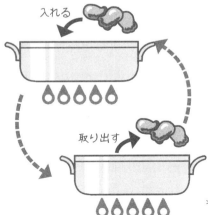

＊フライパンなどの浅い鍋のほうが作りやすい。

❹最後に煮汁がほとんどなくなったら、カキを煮汁でからめる。焦げ付かないよう気をつけながら、汁を手早く行う。

[保存]
　保存容器に入れて、冷蔵庫で4〜5日間保存が可能。

●時雨煮は、ショウガの千切り（時雨を指す）を加えた佃煮のことで、ハマグリや牛肉などが使われる。

（清水信子）

みの干し大根漬け

長野県栄村に昔から伝わる保存食。大根を鉛筆くらいの太さに細長く切って干したもの(みの干し大根)に、青大豆とニンジンを入れた色どりよい一品。カズノコを入れると、お正月には欠かせない料理です。

材料

大根……………………… 1kg	しょうゆ………… 大さじ2〜3
ニンジン………………… 50g	酒………………………… 大さじ1
青大豆………………… 1/2カップ	コンブとカツオ節のだし…100cc
砂糖………………… 大さじ2と1/2	赤トウガラシ………………… 少々
米酢………………… 大さじ2	

[作り方]

❶みの干し大根を作る。大根は鉛筆くらいの太さに切って、6cmくらいの長さに切る。
ざるにのせて1週間から10日、カラカラになるまで干す。

❷みの干し大根をぬるま湯で洗い、ぬるま湯1.5カップで1〜3時間浸す。その後、臭みをとるために米のとぎ汁でさっとゆでる。

❸青大豆は3〜4時間水に浸して、硬めにゆでる。

❹ニンジンは大根の大きさに合わせて、イチョウ切りか花型に切る。赤トウガラシは、種を取って輪切りにする。

❺調味料を合わせ煮立たせ、だしと合わせて冷ましておく。

❻❷❸❹の材料を混ぜ合わせ、❺の調味液をかけて漬け込む。時どき上下を返して味をしみ込ませる。
漬けてから3日目ぐらいからが食べごろ。

[保存]

冷蔵庫に保存しておけば、1カ月ほど楽しめる。

●3日ぐらいして、漬け液を煮立たせて冷ましたものに再び漬け込むと、長持ちする。
●青大豆の代わりに、打ち豆(大豆をさっとゆでて、つぶして干したもの)やゼンマイ、干しシイタケを入れてもよい。

(吉楽里美)

干しいも

干しいも作りは、気温が高いと腐ったり、かびが出るので、木枯らしが吹く寒い時期が最適。空気が乾燥した12～2月がお勧めです。初めての方は、サツマイモ5～6本程度でやってみましょう。寒い時期に風にさらして、1週間でできます。

材料

サツマイモ……………… 適宜

[作り方]
❶蒸す
　丸のまま皮付きのサツマイモを1時間(大きいサツマイモは1時間20分程度)蒸し、15分ほどそのまま蒸らす。
❷皮をむく
　皮は熱いうちにむく。
❸切る
　完全に冷えてから、たてに厚さ0.5～1cmの厚さに切る(厚さや形は好みで)。
❹乾燥
　3段干しネット(市販されている干物用)、あるいはざる、すだれなどに並べて、風通しのよい日の当たるところで干す。ときどき裏返して1週間から10日、乾燥具合を見て、出来上がり。

天日に干して、ときどき裏返す

●サツマイモの種類
　ホクホクした品種より、ねっとりした品種がおすすめ。
　タマユタカ、ベニアズマ、高系、農林2号、ベニハヤトなど。
●包丁は刃が大きいものより、薄い細めの包丁が切りやすい(ペティナイフなど)。
●白い粉(麦芽糖)を付けるには、乾燥後、きれいなわらの間にはさむとよい。

[保存]
　密封して、冷蔵庫で保存する。
（家庭栄養研究会）

2月 如月(きさらぎ)

寒仕込み　自家製みそ

寒の時期(2月)に、1年分のみそを仕込みます。丸1日(24時間)、水に浸した大豆を軟らかくなるまで煮たものがみその原料で、これに麹を加え発酵させます。代表的な麹に米麹と麦麹があり、出来上がるみその風味が違ってきます。

材料（みそ出来上がり量7.5～8kg）

■米麹みそ
- 大豆・・・・・・・・・・・・・・・・・・・・・2.5kg
- 米麹・・・・・・・・・・・・・・・・・・・・・2.5kg
- 自然塩・・・・・・・・・・・・・・・・・・・1kg
- 分量外のあら塩・・・・・・・・・200g
- 焼酎(30度くらいのもの)・・・適宜

■麦麹みそ
- 大豆・・・・・・・・・・・・・・・・・・・・・2kg
- 麦麹・・・・・・・・・・・・・・・・・・・・・2kg
- 自然塩・・・・・・・・・・・・・・・・・・・900g
- 分量外のあら塩・・・・・・・・・200g
- 焼酎(30度くらいのもの)・・・適宜

- ●米麹みそは3年以上になると味が落ちる。
- ●麦麹みそはやさしい甘味があるが、色が黒くなりやすい。麦麹みそは1年たってからのほうがおいしい。
- ●1杯のみそ汁には15～20gのみそが必要。これを目安にして、年間でどのくらいみそが必要かを計算して仕込むとよい。

[材料の選び方]
❶米麹みそも麦麹みそも、国産大豆を使用する。
❷麹を手作りすると手間がかかるので、麹屋さんから購入する。
❸塩は天然のミネラルを豊富に含

む自然塩を使う。

[作り方]
❶仕込み容器（木樽、かめ、密封容器など）は熱湯消毒した後、焼酎を含ませたふきんでアルコール消毒をしておく。
❷大豆はよく洗い、豆の3〜4倍の水に10〜12時間浸しておく（大豆は3倍ほどにふやける）。
❸鍋に大豆を入れ、ひたひたの水を加えて、親指と薬指でつまんでつぶれるくらいになるまで軟らかく煮る。

❹煮た大豆をすり鉢、もちつき機などでつぶす。

❺麹と塩は固まりがないように混ぜ合わせておく。
❻つぶした大豆と❺の麹と塩を均一に混ぜ合わせ、水を加えながら、耳たぶくらいの軟らかさにする。
❼❻をソフトボール大に丸め、みそ玉をたくさん作る。容器の底の部分に、分量外の塩100gを振る。
❽みそ玉の空気を抜くような気持ちで、仕込む容器に力を入れて投げ込む。

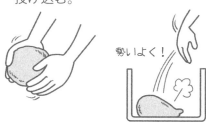

❾手で表面を平らにして、分量外の塩100gを平均に振る。空気が入らないように、ハトロン紙かラップで表面を覆う。
❿容器を大きな紙で覆い、しっかりとひもでくくり、雑菌が入らないようにし、風通しのよい冷暗所におく。
⓫夏（8月ごろ）になったら上下を混ぜ合わせる（天地返し）。ひと夏越して、11月上旬には食べられる。

[保存]
　容器にカビが生えてきたら、きれいなふきんに焼酎を含ませてふく（アルコール消毒）。

●寒の時期に真水を使うことがみそ作りの秘訣。4月に入ってからのみそ作りは"シニミソ"と言われ禁忌。

（上野恵子）

基本の練りみそ

練りみそを作り、みそに旬の香りや木の実などを練り込みます。食卓の脇役ですが、食材の風味を引き立たせ、めぐり来る季節を感じさせます。お弁当にも重宝します。

材料

●その❶
- みそ………………………… 100g
- テンサイ糖………………… 50g
- 酒………………………… カップ2/3
- 卵黄………………………… 1個

●その❷
- みそ………………………… 100g
- テンサイ糖………………… 50g
- みりん…………… 大さじ1〜2
- だし汁…………… カップ1/2

＊1カップ強の練りみそになる。

[作り方]

❶厚手の鍋に材料をすべて入れ、弱火で焦げ付かないよう注意しながら、木じゃくしでよく練る。

❷プツプツ煮立ってきたら火からおろす。

[使い方]

●使うときは、だし汁または酒で適当にのばす。

●色を楽しむときは、淡色みそか白みそで。白みそを使うときは砂糖の分量を加減する。

●基本の練りみそをベースにして香辛料などを混ぜる。練りみそを温め直して、熱いうちに香辛料などを加えると、分離しない。

[保存]

一度にたくさん作り、冷蔵庫で保存しておくと便利。

●アレンジ

フキノトウみそ

フキノトウは、昔から新陳代謝を高め、血液浄化作用があるとされ、近年では活性酸素消去作用や抗酸化作用が注目されています。早春の芽吹きパワーを常備菜として食卓に。

材料(作りやすい分量)

フキノトウ……………10個程度	練りみそ
植物油………………… 大さじ1	(前ページ参照)… 大さじ3〜4

[作り方]
❶フキノトウは洗って、黒い部分をとり、さっと30秒程度ゆでる。
❷❶を細かく刻む。
❸フライパンに油を入れ、❷を入れて2〜3分炒める。
❹練りみそを入れて混ぜる。甘味が足りなければ、砂糖を足す。
温かいご飯やお弁当に。豆腐やふろふき大根、蒸したサトイモに添えて。

●アレンジ

木の芽みそ

材料

練りみそ(前ページ参照) … 適宜
サンショウの若葉………… 適宜
ホウレン草………………… 適宜

[作り方]
❶サンショウの若葉をすり鉢ですり、練りみそを加えて混ぜ合わせる。
❷少量のゆでたホウレン草をすり込むと、緑が鮮やかになる。

●フキノトウ、ミョウガ、青ジソなどをみじん切りにして加えても、香りが楽しめる。
●田楽、生野菜のサラダ、冷奴、刺身、酢みそあえ、焼きナス、魚のみそ焼きなどにおすすめ。

2月 如月(きさらぎ)

●アレンジ
ネギみそ

材料

練りみそ(18ページ参照) …適宜
青ネギ…………………………… 1本

[作り方]
❶青ネギ1本をみじん切りにし、すり鉢でよくする。
❷練りみそ大さじ3を加えよく混ぜ合わせる。

●おでん、湯豆腐、ふろふき大根、田楽などのたれにおすすめ。

●アレンジ
ユズみそ

材料

練りみそ(18ページ参照)　適宜
ユズの皮………………… 適宜

[作り方]
❶練りみそに適量のユズの皮をすりおろすか、みじん切りにして練り合わせる。

●ユズの皮は刻んで小分けにし、冷凍しておくと便利。
●おでん、湯豆腐、ふろふき大根、田楽などのたれにおすすめ。

すりおろしか
みじん切り

●アレンジ
肉みそ

材料

豚赤身または鶏ミンチ… 100g
練りみそ
（18ページ参照）… 大さじ5
酒……………………… 大さじ3

[作り方]
❶豚赤身または鶏のミンチ100gを少量のゴマ油で炒める。
❷練りみそ大さじ5、酒大さじ3を加えて適当な硬さになるまで煮詰め、ショウガのしぼり汁を加える。

●ナスの油焼き、蒸したカボチャ・ジャガイモ、めん類のたれにおすすめ。

（西川倍江）

2月 如月（きさらぎ）

クルミみそ

クルミのコクと歯ごたえがある「うまみそ」は、クルミの〝2段使い〟がおいしさの秘密。水でのばせば、おいしいみそだれになります。

材料

クルミ…………………… 40g
麦みそ…………………… 40g

[作り方]
❶クルミは煎って、半分をすり鉢でよくする。残りは粗く刻む。
❷すったクルミにみそを入れて混ぜ、刻んだクルミも加えて混ぜる。

すったクルミと粗く刻んだクルミ半々

●おにぎりの上にのせたり、ゆでた青菜をあえるとおいしい。

（つぶつぶグランマゆみこ）

ミカンの皮の砂糖漬け

無農薬のミカンが手に入ったら、皮でピール(砂糖漬け)を作ってみましょう。

材料

ミカンの皮	300g	砂糖	50g
水	100cc	グラニュー糖	100g

＊ミカンの代用にはイヨカン、ニューサマーオレンジなどの苦味が少ないかんきつ類がよい。

[作り方]

❶ミカンの皮をタワシでよく洗い、水気をふき取る。

❷へたを取り、皮を1cmほどの千切りにする。

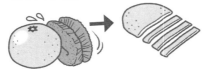

❸熱湯に❷を入れて3分ほどゆで、ざるにあげて、水にさらす。

●皮はさっと水にさらす。ミカン以外のかんきつ類は、水に10分ほどさらしておく。

❹鍋に水と砂糖と水気を切った皮を入れて、焦がさないように水分がなくなるまで煮詰める。

❺ざるに広げて、天気がよい日に干す。水分が飛び、硬くなったらグラニュー糖をまぶす。

グラニュー糖

[食べ方]

　かんきつ類のよい香りが甘さのなかに広がる。そのままお茶受けや、ホットケーキ、蒸しパン、パウンドケーキなどに入れてもおいしい。

●アレンジ

ミカンの皮の砂糖漬け入り 蒸しパン

ミカンの砂糖漬けのオレンジ色がきれいな蒸しパンです。

材料（2人分）

- 小麦粉……………………… 160g
- ベーキングパウダー（アルミニウム無添加のもの）…… 小さじ2
- 卵…………………………… 1個
- ミカンの皮の砂糖漬け（ミカンピール）…… 10g＋飾り用（適量）
- 砂糖………………………… 大さじ2
- 牛乳………………………… 160cc
- 紙コップかアルミカップ（直径5〜6cm）…………… 8個
  ＊紙コップは小型のものが良い。

[作り方]

❶小麦粉とベーキングパウダーを合わせてふるっておく。

❷卵を溶き、ミカンピール、砂糖、牛乳を混ぜる。
❸❷に❶を手早くさっくり混ぜる。
❹❸を紙コップに流し込み、ミカンピール（飾り用）をのせる。

❺よく湯気の立った蒸し器に入れ、強火で2分蒸して中火にし、10分ほど蒸す。

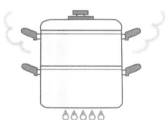

●ラムレーズン（ラム酒に漬け込んだレーズン）やサツマイモなどを加えると、味も見た目もさらに楽しめる。

（中村允俊）

基本の粕みそ床

日本酒を搾った後の酒粕が出回る冬に、ぜひ作りたい粕みそ床。魚を漬けるとうま味がアップします。粕みそ床を一度作ると、何度も使えます。

材料（2人分）
- 酒粕……………………100g
- みそ……………大さじ2と1/2
- みりん……………………大さじ2
- 砂糖……………………大さじ2〜3
- 水………………………大さじ2

[作り方]
❶板粕はちぎって鍋に入れ、分量の水を入れ、ごく弱火でかき混ぜながら粕を溶かす。

❷みそ、みりん、砂糖を入れてよく混ぜてから火を止めて、完全に冷ます。

●粕漬けにおすすめの魚
　サワラ、アイナメ、イサキ、カジキ、カワハギ、秋サバ、サケ、タラなど。

● アレンジ
サワラの粕漬け

[作り方]
❶サワラをざるに並べ、両面に薄く塩を振り、20分ぐらい置いておく。
❷サワラの表面に出た汁をふき取り、表面に粕みそをまぶしてラップし、冷蔵庫に4時間ほどおく（魚の上にガーゼを敷き、その上に粕みそを塗ると、焼くときに粕を取らなくてよい）。
❸網でこんがり焼くか、フライパンの上にクッキングシートを敷いて焼く。

（栗原澄子）

魚のみそ漬け

　市販の魚のみそ漬けは、着色料や保存料、化学調味料などの添加物が多く使用されています。

　タラ、サケ、サワラなどの魚をみそ漬けにすると、一段とおいしくなります。好みでみそにニンニクとゴマ油を少し入れて、コクを出します。

材料

魚……………………… 4切れ	みりん……………… 大さじ2
塩……………………… 小さじ2	日本酒……………… 大さじ1
みそ…………………… 80g	ゴマ油……………… 小さじ1
ニンニク……………… 1/2かけ	

[作り方]
❶魚に軽く塩を振り、15分ほどおき、ペーパータオルで余分な水分を取る。
❷ニンニクをすりおろし、みそとみりん、日本酒、ゴマ油を混ぜ合わせる。
❸❶の魚の切り身全体に❷のたれを全体に付け、冷蔵庫で1晩（半日）以上おく。2日目くらいがおいしい。
❹みそを軽く除き、グリルで焼く。焦げやすいので、火加減に注意する。
●みそは辛いみそより、麹が多い甘口のみそが合う。

[保存]
　5～6日もつが、それ以上経つと、味が濃くなり過ぎ、傷んでくるので、みそをふき取り、ラップに包んで冷凍する。

●魚のしょうゆ漬けを作る場合は、しょうゆ2とみりん1の割合の漬け汁に切り身を入れ、ジッパー付のポリ袋に入れる。ユズの皮のおろしたものや粉サンショウを入れると香りが良い。1日経てば食べられ、3～4日は保存可能。

（家庭栄養研究会）

3月 弥生

桜の花の塩漬け

八重桜のまだ開ききらない7分か8分の花を摘んできます。塩漬けにすると、いつまでも美しいままの花の姿をとどめ、桜もち、おこわなどに使えます。八重桜は色が濃いほうが美しく仕上がります。

材料

- 八重桜の花……………… 100g
- 塩… 25g〜30g(花の25〜30%)
- 白梅酢……………… 1/3カップ
- 塩………… 適量(作り方❼参照)

[作り方]

❶ 桜の花は軸ごと摘みとり、軸の元についているつめ状のものを取り除く。(取る)

❷ 大きめのボウルに花を入れ、水を静かに注いで、花びらを落とさないようにやさしく洗う。ざるにあげ、水気を切る。

❸ ガラスかホウロウのボウルに入れて、塩をまぶし、桜の重さの2倍程度の重しをする。

❹ 2〜3日で水が上がってきたら重しを取り、両手で軽くしぼって水気を切る。漬け汁は捨てる。

❺ ❹に白梅酢を入れ、浮かない程度の重しをする。

❻ 1週間ほど漬けたら、水気をしぼり、ざるに広げ、半日くらい陰干しする。

❼❻をボウルに入れ、全体にたっぷりの塩をまぶし、びんにすきまなく詰めてふたをする。

● 常温で保存できる。

● アレンジ
桜の花をあしらった桜もち

白い皮に桜の花がのったおしゃれな桜もちです。菓子箱に詰めると、心づくしのお土産になります。

材料（8個分）

小麦粉……… 1/2カップ(50g)	塩漬けの桜の花…………… 8個
白玉粉…………………… 大さじ1/2	桜の葉の塩漬け* ………… 8枚
砂糖……………………… 大さじ1/2	植物油
水……………………… 約1/2カップ	
こしあん………………………… 300g	

＊塩漬けの桜の葉は和菓子屋さん、デパート、大型スーパーなどで入手できる。

[作り方]
❶白玉粉、小麦粉、砂糖をボウルに入れ、水を少しずつ入れて混ぜてのばし、もちの生地を作る。
❷熱したフライパンに油を薄く引いて、生地を玉じゃくしに大さじ1と1/2ぐらいすくい、5×10cmぐらいのサイズの長円形に流す。
❸生地が軟らかいうちに、塩漬けの桜の花をおく。表面が乾いたら裏返し、裏側もさっと焼いて取り出す。

裏返す

❹桜の葉は水に浸けて塩抜きし、水気をふく。
❺こしあんを皮でくるみ、桜の花が見えるように葉でくるむ。

3月 弥生（やよい）

●アレンジ

お祝いの食卓に　桜おこわ

食卓を華やかにしたい、お祝いの席にぴったりの料理です。おこわの上に桜の花を散りばめます。

材料（5〜6人分）

もち米‥‥‥‥‥‥‥　3カップ　　　桜の花の塩漬け‥‥‥‥25個
赤梅酢‥‥‥‥‥‥‥‥　適量
　（50〜51ページ参照）

[作り方]

❶もち米はといで水に浸し、30分吸水させる。赤梅酢を入れる（吸い物よりやや薄めの塩分濃度水200mlに対し大さじ1/2強ぐらいの割合になるように入れる。米が少し赤くなる程度）。半日ぐらい浸けておく。

といでから
赤梅酢入りの水に
半日浸ける

❷桜の花の塩漬けを10分ほど水に浸し、塩気を取る。
❸半日後、赤梅酢に漬けたもち米をざるにあげ（漬け汁はとっておく）、せいろにふきんを敷き、もち米を入れる。
❹せいろで蒸す（約30〜40分）。途中、何回か漬け汁を振りかける。

❺蒸し上がったら、桜の花をおこわの上にのせ、さらに2〜3分蒸す。

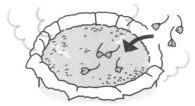

●せいろのお湯が少なくなったら足す。

（栗原澄子）

菜の花の即席漬け

4月が旬の菜の花は、ビタミンCが100g中130mgとレモンより多く、活性酸素消去作用も強い野菜です。漬物にしておくと、菜の花を手軽に食べられます。

材料

菜の花……………… 1束	焼酎(または日本酒)… 小さじ1
塩………………… 小さじ2	コンブ……………… 5cm角

[作り方]
❶菜の花をさっとゆでて、水にさらしてしぼる。

❷漬物容器に菜の花を入れ、焼酎と塩を混ぜたものを振りかける。
❸コンブをのせて重しをして、2時間ほど漬ける。

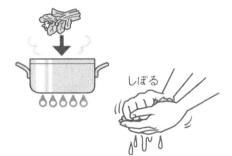

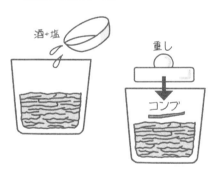

●タカノツメなどを加えてもよい。
（中村允俊）

フキの葉の佃煮

　香りが強いフキの葉は、佃煮がおすすめです。茎に比べてアクも強いので、しっかりアク抜きをします。イリコといっしょに油で炒めるとコクが出て、うま味が引き立ちます。

材料（4人分）

フキの葉……………… 100g	●調味料
イリコ………………… 12g	水……………… 1/2カップ
油…………………… 大さじ1	しょうゆ………… 大さじ2
白ゴマ……………… 大さじ1	酒………………… 大さじ1
	砂糖・みりん…各大さじ1と1/2
	酢………………… 小さじ1

[作り方]

❶フキの葉は細かく刻み、水に浸してアクを抜く。

❷熱湯でさっとゆで、水にさらして、冷めたら水気をしぼっておく。

❸イリコは頭と内臓を取り除き、すり鉢で細かくする。

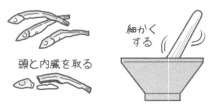

❹鍋を熱して油を入れ、イリコを炒めてからフキの葉を炒める。

❺調味料を入れて、混ぜながら煮汁がなくなるまで煮つめ、白ゴマを加える。

（古川年巳）

五目豆

五目豆があると、根菜類、大豆とコンブをいつも食べられます。材料をすべて同じ大きさに切りそろえて、合わせだしで煮るだけ。とてもかんたんな常備菜です。

材料（4人分）

ゆでた大豆	150g
レンコン	20g
ニンジン	20g
油揚げ	1/2枚
ゴボウ	10g
こんにゃく	30g
干しシイタケ（水で戻す）	2枚
コンブ	5g

●合わせだし

だし汁	1カップ
シイタケの戻し汁	1/2カップ
砂糖	大さじ3
しょうゆ	大さじ1と1/3
酢	小さじ1

[作り方]

❶ レンコンとニンジンは皮をむいて、ゴボウは包丁の背で皮をこそいで、水にしばらくつけてアクを抜き、水気を切る。大豆以外のすべての材料を1cm角に切る。コンブは、はさみで切る。

❷ 鍋に合わせだしとすべての材料を入れ、落としぶたをして火にかけ、沸騰したら弱火にして、煮汁が1/4の量になるまで、30分ほど煮る。

●梅干しやショウガを加えて煮ると、また一味違う五目豆ができる。

（古川年巳）

大豆以外すべて1cm角に

4月 卯月(うづき)

甘夏のマーマレード

甘夏の厚い皮を利用した香りのよい甘夏マーマレードです。甘夏は冬の間、木成りで自然熟成させ、順次収穫します。新鮮なものをおすすめします。無農薬の甘夏を使ってください。

材料

甘夏……………1kg(中3個位)	黄ザラメ………………100g
白砂糖………………400g	水あめ…………………150g

[作り方]
1. 甘夏の皮と実を分ける。わたの白い部分をつけた皮を8等分し、できるだけ薄く切る。
2. 袋から実を出しておく。
3. 切った皮をボウルに入れ、途中で水を替えながら、30分ほど水にさらす。白いわたの部分が、透き通った感じになったら、ざるに上げて水気を切る。
4. 鍋に皮と実、砂糖(半量)を入れ、ヒタヒタ弱の水を入れ、強火で煮る。
5. 皮がしっとりとした感じに煮えたら、残りの砂糖、水あめを入れ、焦げ付かないように、静かにかき混ぜながら弱火で煮つめる。
6. ヘラの先からポトリポトリと落ちるくらいのねっとり具合がよい。

●無農薬の甘夏は、有機栽培農家・青木みかん園(TEL0543-66-2805)でも入手できる。

(青木綾子)

甘夏の皮の含め煮

甘夏の皮を甘辛く煮ると、箸休めの一品になります。

材料

甘夏の皮……………… 2個分	水あめ……………… 大さじ1強
塩…………………… 大さじ1	本みりん……………………… 少々
砂糖………………… 大さじ3強	甘夏ミカンの実…………… 1房
しょうゆ…………… 大さじ2強	

[作り方]

❶甘夏の皮を5〜7mmの幅に切り、塩大さじ1を振りかけ、さっくり混ぜながらもむ。

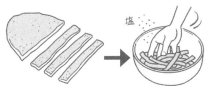

❷流水で塩を流し、途中1回水を替えて10分水に浸し、苦味をやわらげる。

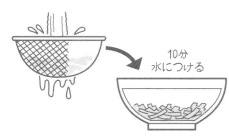

❸鍋に入れてひたひたの水でひと煮立ちさせ、湯をこぼす。

❹もう一度、ひたひたの水で、実を加えて煮る。

❺砂糖を加えゆっくり煮、軟らかくなったらしょうゆ、みりん、水あめを加える。

❻焦げ付かせないよう、ゆっくりと水気がなくなるまで煮る。

（青木綾子）

イチゴジャム

　旬の果物でジャムを作って、びん詰めにして保存食にします。果物のペクチンと酸に砂糖の3つの成分のバランスが整うと、おいしいジャムになります。

材料

イチゴ……………………………… 500g
砂糖… 300g(イチゴの甘さで加減する)

- ●酸味が足りないとき、レモンの果汁を加える。
- ●酸味のある果物を煮るときは、ホウロウ鍋、土鍋、ガラス鍋を使う。
- ●グラニュー糖を使うとすっきりとした味になる。上白糖、三温糖でもよい。

[作り方]
1. イチゴは流水で洗う。イチゴのヘタを取り、小粒のものはそのままの大きさ、大粒の場合は半分か1/4に切る。
2. 鍋にイチゴと砂糖を入れ火にかけて、浮いてくるアクをすくって取る。

熱いうちに詰めて逆さにする

3. 煮上がったら火を止めて熱いうちにすぐびんに入れる。冷めると固くなる。ふたの上の空気を殺菌するため、必ずふたをして逆さに置き、冷めるまで放置する。

[保存]
　長期間保存する場合は、あらかじめ鍋でびんを煮沸し、殺菌しておく。

- ●ジャムにするイチゴは4～5月ごろ出回る安価な小粒の露地物が適している。香りと酸味が強くイチゴ本来の味が楽しめる。
- ●加熱しすぎると、色が黒っぽくなるので注意。

(栗原澄子)

干しタケノコ

4月／卯月（うつき）

タケノコは収穫すると、すぐにえぐみが増します。保存は水煮のびん詰めが一般的ですが、干しタケノコにして常備食材として年中楽しみましょう。

材料

タケノコ……………………… 適量
タカノツメ、米ぬか ……… 適量

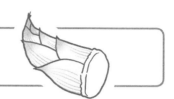

[作り方]

❶たっぷりの水に米ぬかとタカノツメとタケノコを入れ、竹串がスーッと通るくらいまで1時間ほどゆでて、そのまま冷やす。

❷マダケなら縦に4つくらいに切る。モウソウダケなら下部の硬い部分を除き、軟らかいところを1cmぐらいの厚さに輪切りにする。

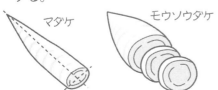

❸ざるに並べ、天気のよい日に、日なたで何度か裏返しながら、3日間ほどカラカラに乾燥するまで干す。

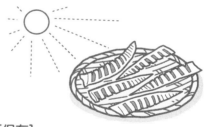

[保存]
冷蔵庫で1年は保存できます。

[食べ方]
●戻し方はタケノコの蒸しおこわ（次ページ）を参照。
●キンピラ、煮物の食材に、ゴマ油で軽く炒め、塩味で味付けしてもおいしい。

（中村允俊）

●アレンジ
干しタケノコの蒸しおこわ

もち米を竹の皮で包み、蒸します。おこわは冷凍保存できるので、ご飯が足りないときなどにも助かります。

材料（4個分）

もち米	1合半
干しタケノコ	25g
干しシイタケ	3枚
鶏肉	120g
だし汁	200ml
酒	小さじ1と1/2
濃い口しょうゆ	大さじ1と1/2
植物油	小さじ1と1/2
竹の皮	4枚

＊竹の皮は大手スーパー、デパートなどで入手できる。
＊秋にはクリを入れるとさらにおいしい。

[作り方]

❶干しタケノコはたっぷりの水に1日浸けておき、鍋でしばらく煮てから一晩ゆで汁に浸けておく。
❷もち米はといで、たっぷりの水に2〜3時間浸けて、ざるにあげておく。
❸竹の皮は水に浸けておき、軟らかくなったら、水気をふき取っておく。
❹干しシイタケは水で戻しておく。
❺干しタケノコ、干しシイタケ、鶏肉をサイコロ大に切る。
❻フライパンに油を熱して鶏肉、干しタケノコ、干しシイタケを軽く炒め、もち米を加えて炒め合わせる。
❼だし汁を加え、酒、濃い口しょうゆを加えて、汁気がなくなるまで炒める。
❽竹の皮で作った袋におこわを詰め込み、蒸し器に入れて強火で約30分蒸す。

（中村允俊）

皮の下側を巻いてポケット状に

先端を差し込む

できあがり

蒸す

チリメンジャコのふりかけ

チリメンジャコ(縮緬雑魚)をすりばちですると、おいしいふりかけになります。

材料

チリメンジャコ……………50g	青ノリ………………大さじ1
白ゴマ………………大さじ2	カツオブシ……1パック(3g)

[作り方]

❶ チリメンジャコ、白ゴマをフライパンでから炒りする。

❷ ❶をすりばちですり、青ノリとカツオブシを加える。フードプロセッサーにかけてもよい。

[保存]
密封容器に入れておく。

● チリメンジャコ──イワシ類(カタクチイワシ、マイワシなど)の稚魚を食塩水で煮た後、天日などで干したもの。

(家庭栄養研究会)

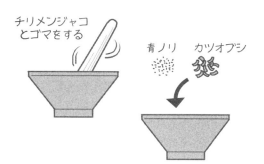

5月 皐月(さつき)

ぬか漬けの床作り

数ある漬物のなかで、おいしさの点からぬか漬けは不動の第1位。ちょっとしたコツでおいしいぬか漬けになります。発酵しやすい春から始めるのがおすすめです。

材料

生ぬか(またはいりぬか)…2kg	ショウガ……………1かけ
塩…………………300〜400g	コンブ………………15cm
水………………11〜12カップ	発酵促進用の食パン…1〜2枚
赤トウガラシ…………3〜4本	漬け捨て用の野菜………適宜

[容器]
温度変化の少ないかめ、またはホウロウ容器を使うと衛生的でおいしく漬かる。

[新しいぬか床を作る]
❶ 生ぬかの場合は、厚手の鍋に入れて弱火で焦がさないように炒る。指を入れて熱いと感じるまで炒り、広げて冷ます。
❷ 水6カップに塩を加えて煮立てて溶かし、火からおろして、残りの水を加えて冷ます。
❸ 容器にぬか、塩水を、それぞれ

1/3ほど入れて混ぜ、しっとりしたらぬか、塩水とくりかえし入れ、手で混ぜる。みそ程度の硬さにする。味をよくするために、1cmに切ったコンブ、スライスしたショウガ、トウガラシを入れる。

❹発酵を早めたいときは、水でしめらせた食パンをしぼり小さくちぎって混ぜ、表面を平らにする。

❺翌日、底までかき混ぜて空気をたっぷり入れ、捨て漬け用の野菜を水気をよく切って漬ける。
❻毎日1〜2回は底まで混ぜて、空気を入れる。捨て漬け用の野菜は、1〜2日ごとに取り出し、新しいものを入れる。2〜3回行ったら本漬けができる。

●味がなれたぬかみそを、知人から少し分けてもらえると、早くおいしいぬか床になる。

毎日の手入れのポイント

❶朝夕に1回ずつ底から、よく混ぜて空気を入れることが重要。好酸菌である乳酸菌の働きをよくし、ぬか床のいたみの原因になる好塩菌の働きを抑制する。

❷漬かりすぎの野菜や野菜クズはこまめに除く。容器の周囲のぬかはふき取る。
❸漬けたものを取り出すとき、ぬか床の上で水気をしぼらない。
❹ぬか床がゆるくなったら、乾いたタオルや清潔なスポンジで水分を吸いとる。
❺ぬか床が減ってきたら、足しぬか(いりぬか5カップと塩1/2カップの割合)を適宜加える。

留守にするとき

❶2、3日家を空けるときは、二重にしたビニール袋に容器を入れ、口をむすんで冷蔵庫に入れる。

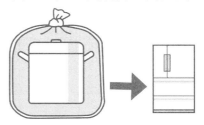

❷長期間留守にする場合は、足しぬかをして水気を減らし、ポロポロの状態にして、塩をたっぷりと振る。ぬか床の表面をラップでぴったり覆い、ふたをして虫よけのために紙をかぶせてひもでしばり、涼しい場所におく。
❸再開するときは、ぬか床の表面を多めに取り除き、2、3度野菜を捨て漬けする。

(池上保子)

● アレンジ
ぬか漬け野菜

キャベツ
洗って水気をよく切り、4つに切り、漬かりやすいように塩少々を葉の間にふって漬ける。

カブ
汚れたところだけ皮を除き、5mmぐらい残して半分または十文字に切り目を入れて漬ける。

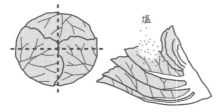

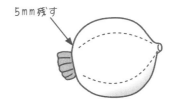

カブや大根の葉
塩少々を振ってしんなりさせ、葉の一部を巻きつけて、バラバラにならないようにして漬ける。

ナス
塩を強く皮にこすりつけ、ヘタは取らず、ヘタの下の部分を半分に切って漬ける。

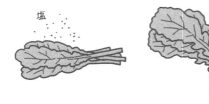

キュウリ
イボイボを包丁でこそげとり、塩をこすりつけてから漬ける。

（池上保子）

三五八漬けの床作り

　三五八漬けは、床さえ作れば、いろいろな野菜をすぐ漬けることができ、1年中重宝します。麹の甘みが野菜のうま味を引き出します。

材料

塩……………………… 150g	白米……………………… 400g
麹……………………… 250g	

[三五八漬けの床作り]
❶米は洗って水に2時間くらい漬け、ざるに上げて水気を切る。
❷米を蒸すか炊飯器で米と同容量の水加減で硬めに炊く。70度まで冷まして、塩と麹を混ぜる。

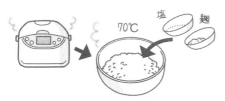

❸ふた付きの容器に移し、中ぶたと軽い重しをして常温で1カ月以上おく。この間、週に1回くらいかき混ぜ、発酵を促進させる。

❹ねっとり軟らかくなれば、漬け床の完成。

[三五八床の保存]
　冷暗所（15度程度）に置き、6カ月保存できる。

●三五八漬け──塩・麹・米を3：5：8の割合で混合することから、この名前がついた。

●アレンジ
キュウリの三五八漬け

材料

キュウリ……………… 1本
三五八床……………… 大さじ1

[作り方]
❶キュウリを洗って、三五八床をこすりつけるようにまぶして、半日くらい漬ける。

❷二度目に漬けるときは、キュウリに塩をこすりつけ、一晩くらい漬ける。

❸3回くらい同じ床で漬けられる。塩気が不足したときは適宜、床に塩を加える。

●アレンジ
カブの三五八漬け

材料

カブ…………………… 3個
きざみコンブ………… 2g
三五八床……………… 大さじ2

[作り方]
❶カブは皮をむいて、半分に切り2mmの厚さに切る。葉は黄色くなった部分を取り除き、茎と一緒に5cmに切る。

❷カブ、葉と茎、刻みコンブを三五八床であえるようにして混ぜ、軽い重しをする。半日から1日後が食べごろ。

（寺島恵子）

サンショウの実の佃煮

サンショウ(山椒)の木は、葉も花も実も独特の香りをもつ山菜です。サンショウの実の佃煮は、そのまま食べてもよし、ジャコやサンマ、コンブなどを煮るときに少し加えると、香りが引き立ちます。

材料

サンショウの実……………適量
酒としょうゆ……1対4の割合

[作り方]

❶ サンショウの実をよく洗い、約10分ほどゆでる。黒く完熟した実は30分ぐらいゆでる。

緑の実は10分
黒い実は30分

❷ ざるにあげて水気を切る。
❸ 酒としょうゆを合わせたものをひたひたに加え、弱火で汁気がなくなるまで煮る。

● **時期によって食べる部分が変わる山椒の木**

葉山椒(木の芽)──4月、独特の強い香りと辛味がある。煮物や焼き魚に添える。

花山椒──4〜5月、うす黄色の小さい花が咲く。料理の彩りや佃煮などに。

実山椒──5〜6月、青い実。佃煮や塩漬けにする。

割山椒──10〜11月、熟した黒い実。粉山椒にする。

●アレンジ
サンショウ風味　シイタケとコンブの佃煮

　だしを取った後のコンブと干しシイタケを、サンショウの実の佃煮と煮た常備菜です。

材料

サンショウの実の佃煮……適量	みりん……………………30ml
酒………………………30ml	コンブ……………………20cm
しょうゆ…………………50ml	干しシイタケ…………5〜6個

[作り方]

❶だしを取った後のシイタケとコンブを、食べやすい大きさに切る。

❷鍋に調味料を煮立たせ、シイタケ、コンブを入れ中火で煮る。途中でサンショウの実の佃煮を入れる。汁気がなくなったら出来上がり。

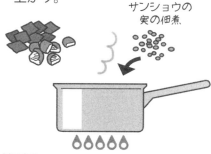

サンショウの実の佃煮

[保存]
　冷蔵庫で1週間ぐらい保存できる。長期保存は冷凍庫に。

（栗原澄子）

市販の牛乳で自家製ヨーグルト

5月 皐月(さつき)

牛乳でヨーグルトが手軽に作れます。ヨーグルトをスターター(種)にします。搾りたての生乳であれば、生乳の中の乳酸菌の働きで、ヨーグルトになります。

材料

牛乳……………………… 1ℓ
プレーンヨーグルト…… 100ml
＊スキムミルク　大さじ3〜4

[作り方]
❶鍋に牛乳を入れ、40度に温める。
　＊スキムミルクを入れると味がマイルドになる。
❷❶に、トロトロにしたヨーグルトを加え、よく混ぜる。
❸煮沸殺菌したふた付きのびんに入れる。乳酸菌は35〜45度で働いて、牛乳を発酵させる。

●子ども用のアンカを毛布でくるむ。こたつの隅やストーブの側、陽の当たっている車内など温かい場所におくとよい。

❹6〜8時間後、表面に薄い液体(ホエー)が浮いてくると出来上がり。
❺びんを冷蔵庫に入れる。冷えると酸味が少し弱くなる。

●酸っぱいとき
発酵温度が高すぎ。あるいは発酵時間が長すぎ。
●軟らかいとき
発酵温度が低すぎ。あるいは発酵時間が短すぎ。
●市販のヨーグルト発酵専用器具や、ヨーグルト発酵機能付きの電気オーブンを使うと便利。

（宮嶋京子）

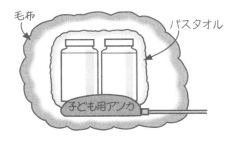

茶の新芽で緑茶を作る

4月末から5月初めに出る新芽で、緑茶を作ってみませんか。
お茶づくりのポイントは、みずみずしい新芽を使い、すぐに加工することです。

材料
茶の新芽

[作り方]
●手もみ茶加工
❶蒸熱→❷露切り→❸回転もみ→❹中もみ→❺仕上げもみ→❻乾燥の順に仕上げる。

❶蒸熱──茶葉をせいろなどに入れ、ふたをして15秒蒸す。ふたをとって葉をかき混ぜたら、ふたをしてさらに15秒、合計30～40秒蒸す。

❷露切り──変色を防ぐため、扇風機を回し、蒸した茶葉を広げてバラバラと落としながら手早く冷やす。表面の水分が乾きはじめたら両手の平で茶葉をこすり、よりこむ。少しずつ手の力を強くするが、茶葉がグチャグチャにならないように注意。

❸回転もみ──厚手の土鍋を火にかけ、火を点けたり消したりしながら、絶対焦がさないように、軍手をはめた手でパラパラほぐしながら圧力を加え、もみ込む。20～40分かかる。
　＊一番、力を加える工程

❹中もみ、仕上げもみ、乾燥──土鍋かフライパンを弱火にかけ、軍手をはめて両手でもみ込み、焦がさないようにくり返し、水分3％ほどにする。90～120分かかる。
　＊乾燥が進むにつれ力を弱め、粉にならないよう注意

- ❸～❹の工程では、常時、土鍋の温度を40～50度に保ち、茶葉の温度が体温くらいになるようにする。
- もむことにより茶葉の中の水分を表面に出して乾かす――これを繰り返す。
- 茶葉の表面だけが乾き、中には水分があるという状態にならないように注意する。

（杵塚敏明）

おすすめの一品

■古くなったお茶からほうじ茶

　古くなった市販のお茶は、ほうろくか土鍋で茶色になるまで焙じる。焙じることで煎り立てのおいしさがよみがえります。

5月―皐月（さつき）

●おいしいお茶は温度が決め手

　お茶はいれ方の工夫で味わいが変わります。おいしさの決め手は湯の温度と水。緑茶は、ぬるめの湯ほどうま味と甘味が出て、高温にすると渋味が出ます（表参照）。

　1煎目は60度程度の湯、2煎目以降は95度程度にして、味の変化を楽しみましょう。

　なお、一度お湯を通した茶葉は、どんどん劣化するので、2煎目や3煎目は茶葉の成分が変化しないうちに、早めにいれるようにします。

　水道水は塩素を含んでいるので、必ず沸騰させるか、浄水器を通して沸かしてから使いましょう。

おいしいお茶の温度・時間とお茶の量のめやす

種類	茶の量（2人分）	湯の温度	湯の量	浸出時間
玉露	6～7g	40～50度	50～60cc	2～2分半
上煎茶	4g	80度	150～200cc	40～60秒
普通煎茶	4g	95度	150～200cc	20～30秒
ほうじ茶 玄米茶 番茶	3g 5g 5g	95度	150～200cc	約30秒
新茶	4g	70～80度	150～200cc	約40秒

80℃はお湯を一度湯のみに移し、湯冷ましした温度
95℃はポットのお湯の温度　◆お茶小さじ1杯は2g

コールスローサラダ

作りおきができるサラダ。野菜をたくさん食べられます。とにかくおいしい！いち押しの一品。

材料

キャベツ……………… 150g	ⓐ立て塩(水1カップ、塩大さじ1/2)＊
タマネギ……………… 100g	ⓑドレッシング
ゴーヤ………………… 60g	酢……………… 大さじ2
ニンジン……………… 30g	砂糖…………… 大さじ2/3
	植物油………… 1/4カップ

[つくり方]

❶キャベツは、5mm幅の千切りにする。

❷タマネギは薄切り、ゴーヤは縦半分にして、スプーンで種を取り除いてから薄切りに、ニンジンは千切りにする。ⓐの立て塩にしばらく浸けて、軟らかくなれば、水気をしぼる。

❸ボウルに❶と❷を入れて混ぜ合わせⓑのドレッシングで味をつけて、軽くもんでからお皿を重しにして冷蔵庫で冷やす。

❹❸を器に盛る。

[ポイント]

キャベツに塩をふると、水分と一緒に甘味が出てしまい、歯ごたえも悪くなるので、塩は入れません。

ほかの野菜からも水分が出ないように、ドレッシングにも塩は入れません。

あえたあと2〜3日おくと、とても味がなじんでおいしいです。

＊立て塩——上記の割合の塩水で、食材をしなやかにしたり、魚介類の生臭さを取る下洗い、塩味をむらなく付けるために使われる。

ゴーヤは種を取って薄切りに

（古川年巳）

生野菜のしょうゆ漬け

生野菜をしょうゆ漬けにして、常備菜にします。おいしさのポイントは、天然醸造のしょうゆを使うことです。

材料

ニンジン	30g	ナガイモ	30g
パプリカ	30g	カブ	30g
ピーマン	30g	しょうゆ	1カップ
ズッキーニ	30g		

[作り方]
❶野菜を5mm角に切る。
❷野菜をびんなどの保存容器に入れて、しょうゆを加える。

[保存]
　漬けてすぐに食べられ、冷蔵庫で長期保存が可能。

おすすめの一品

■お茶漬け
　ご飯に生野菜のしょうゆ漬けを好みの量のせてお湯を注ぐ。これだけで、いくらでも食べられてしまうお茶漬けです。

■サラダ
　好みのサラダ野菜を食べやすい大きさに切り、生野菜のしょうゆ漬けをドレッシング代わりにかける。お好みでナタネ油を加えても美味。

（つぶつぶグランマ ゆみこ）

6月 水無月

正統派 梅干し

ほんのり黄色みおびてきた梅を使い、保存食の定番、正統派の梅干しを作ります。

材料

梅……………………………… 2kg	赤ジソ……………………… 2束
自然塩……… 400g（梅の20％）	塩………………………… 100g

【作り方】

❶黄色みがかった、傷のない梅を選び、竹串か、ようじで梅のヘタを取り（梅の酸味が強いので、金属性の串は避ける）、水でよく洗い、ざるに上げて水気をよく切る。

❷容器、中ぶた、重しを熱湯や消毒用アルコール、または焼酎（アルコール35度）でふいて、消毒しておく。

❸梅に塩をからませるようにまぶし、容器に入れ、最後に塩を振りかけ、押しぶたをして、梅の2倍の重しをする。

❹7月初めごろに出回る赤ジソを茎から取って葉を1枚ずつにし、

竹串かようじで

洗って水を切る

水できれいに洗い、ざるに上げて水気を切る。
❺赤ジソに塩100gのうちの2/3くらいを振ってよくもむ。アクが出たら固くしぼり、アクを捨て、残りの塩を振り、さらにもんでアクを出し、固くしぼる。

塩を振ってもむ

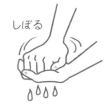
しぼる

❻❸の梅をざるにあげ、汁と実に分ける。この汁が白梅酢。
❼容器に白梅酢を入れ、アクを取った赤ジソを入れ、赤梅酢にする。
❽ボウルの中に梅を入れ、赤ジソを上に広げ、赤梅酢を注ぐ。押しぶたをし、梅と同じ重しをする。
❾7月下旬の晴天続きの日を選び、梅、赤ジソをざるの上で2、3日、天日で土用干しをする。途中、梅、赤ジソを1〜2回裏返す。夜は、雨が心配なので家に入れる。

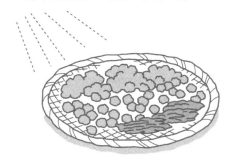

❿干した梅をふた付きの容器に入れ、雑菌が入らないように、ふたのまわりにぴったりとラップをかけておく。
⓫すぐに食べられるが、2〜3カ月たった方がおいしい。

●塩分を減らすと、カビが出やすいので、とくに初めて作る場合は、20％の塩分が安全。
●「梅は三毒（食物、血、水の毒）を断つ働きあり」「梅はその日の難のがれ」と言われる。

（栗原澄子）

減塩　小梅のカリカリ漬け

塩分控えめのレシピです。にがりを入れ、パリっと、カリカリ、真っ赤に漬けた信州地方の梅漬けです。

材料

小梅……………………… 1kg	テンサイ糖………………… 20g
自然塩…………………… 120g	赤ジソ……………………… 200g
にがり…………………… 20ml	もみ塩……………………… 60g
酢……………………… 150ml	

[作り方]

❶梅は洗ってへたを除き、半日ほど水に浸し、あく抜きする。
❷ざるにあげ、水気を切る。
❸❷をボウルに移し、塩とにがりを入れて、梅の色が真っ青に変わるまで、ごしごしともむ。

❹梅の2倍くらいの重しをして、一晩おく。
❺翌日、酢とテンサイ糖をまぶして、中ぶたと重しをする。梅酢が出てくる。
❻赤ジソはよく洗い、水気を切って60gの塩でよくもみ、赤黒い汁をしぼって捨てる。残りの塩でもう一度もんで、❺の梅酢を加えて、さらにもむと赤い色になる。
❼保存容器に梅と赤ジソを交互に入れる。上にはシソを多めにのせ、洗って消毒した石をふきんで包み、乗せる。

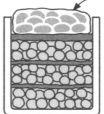

石をふきんに包む
梅と赤ジソを交互に

❽冷暗所に保存する。食べごろは1カ月後から。

（寺島恵子）

中梅・大梅のカリカリ漬け

[作り方]
　小梅のカリカリ漬け［作り方］❶～❹まで同じ。一晩おいた梅に包丁ですじを入れてから押しつぶし、2つ割にし、片側に核を残したまま漬け込む。
　その後の作り方も小梅のカリカリ漬けと同じ。

[カリカリの梅を漬けるコツ]
❶とれたての新鮮な梅がよい。直売所などで入手する。
❷にがりを入れるか、にがり成分が多い自然塩（粗塩・天日塩）を使う。にがりがない場合、梅1kgに卵の殻2個分を入れる（よく洗って半日くらい天日干ししてガーゼに包む）。
❸赤ジソを上に多めに入れる。
❹漬け汁がいつも上がっていないと、カビが出やすい。小石をきれいに洗い、日光消毒してガーゼに包み、押しぶたと兼用の重しにするとよい。

（寺島恵子）

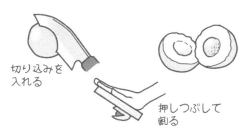
切り込みを入れる
押しつぶして割る

赤ジソのふりかけ　ゆかり

【材料】
梅干しで使った赤ジソ

[作り方]
❶梅干しで使った赤ジソを広げ、日陰でカラカラになるまで干す。
❷フードプロセッサーまたはすり鉢で粉状にする。
●ご飯にふりかけて、混ぜ込んでおにぎりに、サラダに、お弁当のふりかけに。

（栗原澄子）

カリカリ梅のシロップ漬け

シロップで甘く漬けた梅です。疲れたときにぴったりです。種をとった青梅を漬けます。

材料

大粒の青梅…………………… 2 kg
砂糖………………………… 1.4kg

[作り方]
❶青梅はヘタを竹串で取り、洗ってから水に2、3時間浸してアクを抜き、水気をふき取る。
❷青梅をまな板の上にのせ、木じゃくしを当てて、体重をかけてねじるようにして半分に押し割る。種は取り除く。

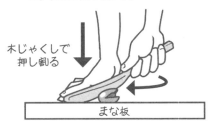

❸ガラス容器かホウロウ容器に砂糖を入れ、割った梅を次つぎと埋め込み、砂糖をからめる。
❹❸の容器にラップをかけて一晩置き、梅から汁が出るのを待つ。
❺梅を広口びんに移す。
❻汁と残った砂糖を鍋に移し、アクをすくいながら砂糖を煮溶かす。
❼❻が冷めたら梅が入った広口びんに注ぎ、冷蔵庫で保存する。梅の色がくすんだら食べられる。

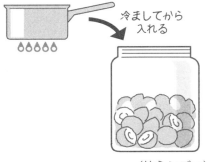

（竹永シズコ）

フレッシュ梅ジュース

硬めの青梅を梅ジュースにします。加熱しないので、ジュースの中で酵素が生きています。

[材料]

青梅……………………………… 1kg
テンサイ糖または氷砂糖…… 800g

[作り方]

❶青梅を水洗いし、水気を切り、ナイフで縦に4〜5カ所、種にぶつかるくらい切り口を入れる。

 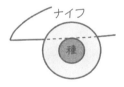

❷消毒したガラスびんに、砂糖と梅を交互に入れ、最後に砂糖をかぶせ、ふたをする。

❸1日1、2回びんをゆする。2〜3週間たって、梅のエキスが出て、梅が浮いてきたら実を取り出す。

❹ガラスびんのジュースを冷蔵庫で保存する。水で薄めて、お好みの味に。取り出した梅はそのまま食べたり、煮てジャムにする。

[保存]

冷蔵庫で1年間は保存可能。

(栗原澄子)

梅甘酢

　ぜひ、常備したい自家製甘酢です。塩を加えれば、すし酢や甘酢あえに、サラダにとても重宝。酢を入れるので、常温保存ができます。材料を合わせるだけなので、かんたんです。

材料

青梅……………………… 1kg	松葉(香りづけ)…30本くらい
玄米酢(純米酢でも可)… 1.8ℓ	(なくてもよい)
氷砂糖…………………… 1kg	

[作り方]
1. 梅を洗い、アクを抜くため2、3時間水に浸して、乾かす。
2. 広口びんに氷砂糖、梅、酢の順に入れて最後に松葉を入れる。

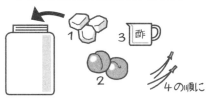

3. 氷砂糖が溶けるまで毎日、びんを揺するとよい。

- 3カ月過ぎたころから使える。
- 残った実は梅ジャムに。

おすすめの一品

■梅甘酢で三杯酢
　少量の塩を加えれば、三杯酢になります。
　＊三杯酢の由来——酢、しょうゆ、みりんを1杯ずつ混ぜたもの。みりんの替わりに砂糖が使われたり、しょうゆ1、砂糖2の割合にアレンジされることも。

■炭酸梅ジュース
　炭酸で割ると、口当たりがとてもさわやかなジュースになります。

（竹永シズコ）

梅酒

梅酒はだれでも手軽に作れます。
新鮮な青梅を使った香り豊かな梅酒をどうぞ。

材料

青梅……………………… 1kg	氷砂糖………600〜700g前後
ホワイトリカー……… 1.8ℓ	*びんは5ℓ用を用意。竹串1本。

[作り方]
1. びんの中に、まず60度程度のお湯を入れて温めてから湯を捨て、さらに熱湯を回しかけて消毒する。逆さにして、乾かしておく。または、ホワイトリカーをスプレー容器に入れて、噴霧して消毒しておく。
2. 青梅は新鮮なうちに、きれいに洗い、1時間程度水に浸けて、アクを抜く。その後、ざるにあげて、清潔なふきん(ペーパータオルでもよい)で水分をよくふき取る。
3. 梅のヘタを竹串で取る。
4. びんに梅と氷砂糖を交互に入れる。
5. 4にホワイトリカーを全部入れ、ふたをして、涼しくて温度変化のない場所におく。氷砂糖が溶けるまで、2、3日に1回びんを揺する。半年か1年経つと飲みごろになる。

[保存]
　梅酒は10年以上保存できる。

●梅は少し熟して黄味がかり、芳香がしてきた梅を使うと、香り高く、まろやかな梅酒ができる。硬い青梅は酸味が強い。
●ホワイトリカーはアルコール度35度のものを使う。

(家庭栄養研究会)

梅じょうゆ

市販のしょうゆではもの足りない方、梅じょうゆを試してください。作りたて、半年後の熟成梅じょうゆなどいろいろな風味が楽しめます。

材料

青梅……………………………………… 適宜
しょうゆ(好みで薄口しょうゆでもよい)… 適宜

[作り方]
❶ 大きめの空きびんをきれいに洗って乾かす。
❷ 梅の実をよく洗い、ヘタをとって、1粒ずつ清潔なふきんで水気をふき、びんいっぱいに詰める。
❸ 梅がかぶるまでしょうゆを注ぎ、ふたをして冷暗所におく。

[保存]
冷蔵庫に保存すれば、2年はもつ。

● 1カ月くらいで味が出ておいしくなる。半年ぐらい経つとコクも出て、さらにおいしくなる。
● びんのふたは、金属製だと錆びるので避け、プラスチックのものを使用する。

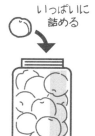
いっぱいに詰める

梅がかぶるくらいしょうゆを注ぐ

＊梅の実の量に合わせて、びんを選んでください(大きめのびんでなくても良い)。

■梅じょうゆでかくし味
❶ お刺身や煮魚のかくし味に使うと、魚の生臭さが消える。
❷ 冷奴や天つゆ、麺つゆのかくし味に使う。
❸ 漬けた梅の実は、小さく切ってサラダなどに入れる。

(清水信子)

ラッキョウ漬け

1年たってもカリカリとしまった歯触りを味わうことができる漬け方です。カレーに欠かせないラッキョウですが、タルタルソースに入れたり、チャーハンに入れたりして、一年中楽しめます。ラッキョウの酢は合わせ酢や南蛮漬けなどに広く使うことができます。

材料

泥付きラッキョウ……… 2kg	●漬け汁
塩……………………… 66g	未精製の砂糖(生砂糖)… 400g
(皮をむいたラッキョウ1650gの4％)	米酢………………… 3カップ
	湯ざまし…………… 1カップ
	赤トウガラシ………… 1～2本

[作り方]
❶ラッキョウの頭と根を切り、汚れた皮や薄い皮をむく。

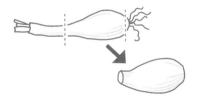

❷❶をボウルに入れて、塩をまぶし、約8時間おく。
❸❷を流水できれいに洗い、ざるにあげて乾かす。
❹びんは熱湯消毒する。
❺びんの中にラッキョウと漬け汁、赤トウガラシを入れる。
❻砂糖が溶けるまで毎日びんをゆすって混ぜる。

[保存]
　長期保存が可能。甘酢の味が浸み込むのに時間がかかるので、3カ月たったころから食べられるが、6カ月以上おいたほうが良い。

●酢を煮立てると香りが飛ぶので、酢は加熱せずそのまま入れる。

（清水信子）

7月 文月（ふみづき）

野菜のピクルス

材料（漬ける野菜500gに対しての分量）

- 酢……………………… 1カップ
- 砂糖…………………… 1/2カップ
- みりん………………… 大さじ1
- 塩……………………… 小さじ3
- 赤トウガラシ………… 1本

＊ひと煮立ちさせて冷ます。

ハヤトウリのピクルス

[作り方]
1. ハヤトウリは皮をむいて、輪切りにして種を取る。
2. ひたひたになるように❶を漬ける。

レンコンのピクルス

[作り方]
1. レンコンは、さっとゆでて適当な輪切りにする（ゆですぎると歯ざわりがなくなる）。
2. ひたひたになるように❶を漬ける。

タケノコのピクルス

[作り方]
1. タケノコはぬかでゆで、適当に切って冷ます。
2. ひたひたになるように❶を漬ける。

● タケノコはいたみやすいが、ピクルスにすると保存がきく。

（田村西都子）

キュウリのピクルス

キュウリがたくさん手に入ったら、ピクルスにしてびん詰にします。

材料

キュウリ……… 8本(800g)	クローブ……………………… 少々
塩………………………… 大さじ6	ウイキョウ…………………… 少々
水…………… 4カップ(800ml)	●漬け汁
●香辛料	酢…………………… 2カップ
ニンニク………………… 1かけ	砂糖………………… 1カップ
ローリエ………………… 1枚	塩………………… 大さじ3
赤トウガラシ………… 1〜2本	

[作り方]

❶水に塩をよく溶かす。キュウリは長さ3〜4cmに切り、塩水に漬ける。軽い重しをして一晩おく。

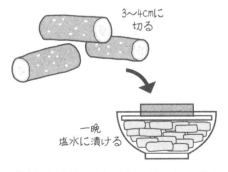

❷漬け汁と香辛料を合わせて煮立たせ、冷ます(酢に強いホウロウ鍋が良い。アルミなどの金属製の鍋は避ける)。

❸❷に❶を漬ける。2週間で漬かるが2、3日の浅漬けもおいしい。

●キュウリのほか、セロリ、カブ、タマネギ、カラーピーマン、ミニトマト、ズッキーニなどもおいしい。
　いろいろな野菜を入れるとカラフルで彩がきれい。

■食べきったあとの漬け汁で
　ニンジンのピクルス

❶ニンジンは好みの型で抜き、厚さ2〜3ミリの輪切りにし、びんに詰める。
❷漬け汁をもう一度煮立てて冷まし、❶に注ぐ。漬けて3、4日くらいで食べられる。

(田村西都子)

梅酢と赤ジソで即席しば漬け

露地もののナスやキュウリが出回る季節。梅酢と赤ジソを使った即席のしば漬けを作ります。

材料（4人分）

ナス　1/3本
キュウリ……………… 1本
エノキダケ…………… 1/2束
白ゴマ………………… 適宜

●立て塩
（水1カップ　塩大さじ1/2）
＊48ページ参照

●調味料
梅酢…………… 大さじ3
だし汁………… 大さじ3
みりん………… 大さじ1と1/3
砂糖…………… 大さじ1/2
赤ジソ（みじん切り）… 小さじ1

[作り方]

❶ナスは5mm幅の半月切り、キュウリは薄切りにする。立て塩にしばらく漬けてしなやかになったら、水気を固くしぼる。

❷エノキは石づきを切って、熱湯で軽くゆでて、水にとって冷ましてから水気を切り、3等分にする。

❸ボウルに調味料と材料を入れてあえ、冷蔵庫で冷やして器に盛り、ゴマを散らす。

（古川年巳）

薬味のしょうゆ漬け

　日本の伝統食として受け継がれてきたさまざまな薬味*には、ミネラル、ビタミン類のほか、共通してポリフェノール類などのファイトケミカルが豊富に含まれています。薬味をしょうゆ漬けにすることで、ニンニクなどに含まれる薬効のある成分を毎日摂取できます。

材料（2〜3家族分）

ニンニク……………… 3〜4かけ	削り節………………………… 30g
ショウガ（皮つきのまま）… 80g	黒ゴマ（すったもの）……大さじ3
長ネギ（タマネギでも可）…300g	しょうゆ………………………… 適量
（中5本）	（材料が浸る程度）

[作り方]

❶ニンニク、ショウガ、ネギはみじん切りにし、削り節は細かくもむ。

みじん切り　削り節はもむ

❷ホウロウ容器かガラス容器に❶と黒ゴマ、しょうゆを入れて混ぜる。

❸ふたをして、冷蔵庫で保管する。

[使い方]

　ご飯、うどん、そば、ラーメンなどの麺類、冷奴、湯豆腐、揚げ豆腐、中華風サラダ、炒めもの、チャーハン、魚や肉の下味など万能調味料。

[保存]

　1週間前後。2、3日がもっともおいしい。

●薬味──香味料、香辛料、ハーブ、スパイスの総称で和風食材を言う。ショウガ、ニンニク、ネギ、シソ、エゴマ、ミョウガ、ラッキョウ、トウガラシ、サンショウ、ワサビ、コショウ、カラシなど。

（家庭栄養研究会台所プロジェクト）

豆アジの南蛮漬け

豆アジ(小さいアジ)は安く手に入るので、まとめて作っておくと、忙しいときに重宝します。酢を使っているので、日もちのする主菜です。

材料（4人分）

豆アジ	300g
ショウガ	（大）1かけ
赤トウガラシ	2本

●南蛮酢
酢	カップ1/2
うす口しょうゆ	カップ1/2
だし	カップ1/4
砂糖	大さじ2
酒	大さじ2

●から揚げ用
小麦粉	適量
揚げ油	適量

[作り方]

❶豆アジはエラぶたを開けて、エラごと腹ワタを取り、流水でよく洗う。ざるにあげて水気を切り、紙タオルなどでふく。

エラをつまみ

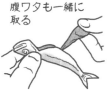
腹ワタも一緒に取る

❷ショウガは皮をこそげて、薄切りにする。赤トウガラシはぬるま湯につけて戻し、種を抜いて小口切りにする。

❸南蛮酢の材料を合わせて❷を入れ、煮立てておく。

❹❸に小麦粉を薄くまぶし、170度の揚げ油でカリッとするまでじっくり揚げる。

❺揚げたてのアジを熱い南蛮酢に漬ける。冷めるまでおいて味をなじませる。

（清水信子）

イワシの辛煮

イワシは、カタクチイワシ、ウルメイワシ、マイワシなどが売られています。一番よく魚屋で見るのはマイワシです。ゆっくり煮ることで骨も軟らかくなり、貴重なカルシウム源になります。

材料

小イワシ……………… 600g	みりん…………… 1/3カップ
酒…………………… 2/3カップ	ショウガ(皮つき)………… 20g
酢…………………… 2/3カップ	かつお節の粉…………… 適宜
しょうゆ…………… 1/3カップ	

[作り方]
❶イワシの頭と腹わたを取り、よく洗う。

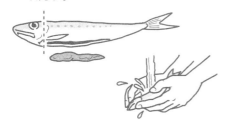

❷鍋にイワシを並べる。
❸皮ごと千切りにしたショウガをイワシに散らす。

❹❸に酒と酢を入れる。
❺❹を強火にかけ、沸騰したら落としぶたをして、弱火で煮汁がほぼなくなるまで約30分煮る。
❻❺にしょうゆとみりんを入れ、再び落としぶたをして、煮汁がなくなるまで弱火で煮つめる。
❼冷めたイワシに、かつお節の粉をまぶす。味がまろやかになる。

● 1回目はこの量で作ってみて、常備菜にする場合は、この倍の量を作るとよい。

[保存]
　酢を使うので金属製の鍋は避け、ホウロウやガラス製の鍋を。

（栗原澄子）

イワシのトウガラシ酢煮

酢をたっぷり使うので、作りおきできる便利な一品です。ちょっとおしゃれに洋風料理の前菜にしてもよいし、からしバターをつけたパンに挟んでも、おいしくいただけます。

材料

- イワシ………………… 6尾
  （10cmくらいの小さいもの）
- ニンニク……………… 1片分
- トウガラシ…………… 2本
- ワインビネガー…… 1/2カップ
- 水……………………… 1/3カップ
- 塩……………………… 小さじ1
- オリーブオイル… 大さじ2〜3
- グリーンペッパーの塩漬け
  …………………… 小さじ1〜2

[作り方]

❶イワシは、頭と腹わたを取り、よく洗う。

❷鍋に薄切りにしたニンニク、トウガラシ、ワインビネガー、水、塩を入れてひと煮立ちさせ、そこにイワシを入れて煮る。火が通ったら煮汁に浸けたまま冷ます。

❸手で、上身と下身にはがし、骨を外す（骨がないとオードブルやカナッペにも使いやすい）。

❹器に盛り、オリーブオイルとグリーンペッパーをかける。

●サンドイッチやカナッペに使うときは、からしとマヨネーズを添える。キュウリやトマト、さらしタマネギなどを付け合わせるとよい。

（栗原澄子）

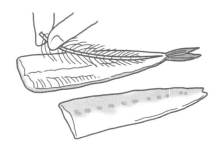

シソジュース

赤ジソが出回る6月〜7月にシソジュースを作り、暑い夏に備えます。夏バテ予防や疲労回復の効果があります。リンゴ酢とハチミツが入った、赤いシソの色が美しい飲みものです。

材料

赤ジソの葉………………… 150g	水………………………… 1000ml
塩……………………… 小さじ1/2	
リンゴ酢………………… 200ml	
砂糖………………………… 200g	
ハチミツ…………………… 200g	

＊普通はクエン酸を使いますが、リンゴ酢を使うと味がまろやかです。
＊シソは若いやわらかい葉のほうが、アクが少なく色鮮やかになります。

[作り方]
❶よく洗った赤ジソを塩でよくもみ、きつくしぼってアクを取る。
❷ステンレス鍋に分量の水を煮立て、シソの葉を入れ、5分たったら葉を取り出す。

❸鍋に砂糖を入れ、砂糖が溶けたら火を止める。ハチミツを入れ、❷のシソの葉を強くしぼって、その汁も加える。
❹冷めたら、リンゴ酢を入れてびんに詰め、冷蔵庫へ。

[飲み方]
水で薄めて、氷を浮かべて飲む。

[保存]
びんに入れて冷蔵すれば、約1年間は保存が可能。

■アイスキャンデー
製氷器で凍らせて、手作りアイスキャンデーに。
■シロップ
かき氷やヨーグルトにかけて。
■ゼリー
水で薄め、寒天やゼラチンで固める

（市川和子）

8月 葉月(はづき)

トマトピューレ

夏が旬のトマト。おいしい完熟トマトはトマトピューレがおすすめ。スープ、カレー、パスタなど、いろいろな料理に使えて重宝します。

材料

完熟トマト……………… 1kg	ローリエ……………… 3枚
タマネギ………………… 1個	塩……………………… 8g
セロリ…………………… 1本	コショウ……………… 少々
ニンニク………………… 2片	

[作り方]

❶ トマトは洗ってへたをとり、大きめのざく切りにしてミキサーに入れ、砕く。
❷ ❶を金ざるに入れ、玉じゃくしの背でこすって種と皮を取り除く。
❸ タマネギ、セロリ、ニンニクを粗いみじん切りにして、こしたトマトとローリエの葉を加え、木べらでかき混ぜながらゆっくりどろどろになるまで煮詰める。
❹ どろどろになったら塩、コショウを加える。
❺ 熱湯で殺菌した保存びんに、熱いうちに詰める。

[保存]

冷蔵庫で1カ月くらい保存できる。冷めたら少量ずつフリーザーバッグに入れ、冷凍庫で保存してもよい。びんに入れて煮沸消毒すれば、1年程度、保存できる。

(寺島恵子)

● アレンジ

トマトケチャップ

手作りのトマトピューレがあれば
5分でできる自家製のケチャップ。

材料

トマトピューレ………… 500g
塩……………… 10g（小さじ2）
酢………… 20ml（小さじ4）
砂糖………… 40g（大さじ4）

香辛料（シナモン、パプリカ、オールスパイス、ナツメグ、赤トウガラシなど）

[作り方]

❶ トマトピューレに塩、酢、砂糖を加えて5分煮る。

❷ 最後に香辛料を混ぜて火を止める。
❸ 熱湯で殺菌した保存びんに、熱いうちに詰める。

[保存]

冷蔵庫で1カ月くらい保存できる。冷めたら少量ずつフリーザーバッグに入れ、冷凍庫で保存してもよい。

（寺島恵子）

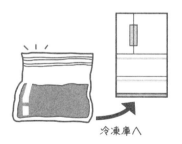

8月 葉月（はづき）

作りおき濃縮だし汁

作りおきができる、水をいっさい加えない濃縮だしです。煮物、めんつゆ、鍋物、あえもの、酢のものなど何にでも使えて重宝します。

材料

削りカツオ……………… 100g	酒……………………… 1カップ
だしコンブ……………… 25g	本みりん……………… 2カップ
干しシイタケ…………… 25g	
しょうゆ……………… 3カップ	

[作り方]
❶コンブや干しシイタケは、佃煮くらいの大きさに切る。
❷調味料と❶とカツオ節を合わせて鍋に入れ、一晩おく(急ぐときでも2時間以上調味液に漬ける)。
❸❷の鍋を煮立ててから火を弱め、3分間煮つめる。
❹サラシの布をざるに敷き、だし汁をこし取る。
❺熱湯で殺菌した保存びんに入れる。

[保存]
　濃縮一番だし汁は、冷蔵庫に入れなくても、常温でもかびることもなく、長く保存できる。

●だしがらは、二番だし(作り方は次ページに)の材料になる。

[使い方]
●つけ汁
　めん類のつけ汁は、約5倍に薄める。
　天ぷらのつけ汁は、大根おろしの量によって加減する。
●煮物の味つけ
　適宜薄め、甘味がほしいときは、みりん少々を加える。
●鍋物
　薄めただし汁に塩とみりん少々を加え、だしコンブを一枚敷いた上に注ぐ。
●三杯酢
　濃縮だし汁に同量の米酢を混ぜる。ラー油または、ゴマ油と赤トウガラシの小口切り少々を混ぜれば、中華風のあえ酢になる。板ずりキ

ュウリの乱切りや、大根の薄切りなどを漬けてもおいしい。

[料理メモ]
●削りカツオ──上品な味わいがある。
●カツオ節──その都度削ったものが香りも味も一番。
●花ガツオ──フワフワの市販の花ガツオは、炒ってから手でもんで使う。
●煮干し（イワシ）──小さいものがよく、大きければほぐして、はらわたは取り除く。

（丸山光代）

二番だしの作り方

材料
一番だしのだしがら

[作り方]
❶一番だしのだしがらに水４カップを入れ、煮立ててから弱火で３分間煮つめる。
❷サラシの布をざるに敷き、だし汁をこし取る。
❸熱湯で殺菌したびんに入れる。

[使い方]
　二番だし汁は、めん類のつけ汁ほどの濃さ。
　市販のゴマペーストやピーナツペーストを二番だし汁でゆるめると、即席のおいしいたれができる。ナガイモ、ウド、キュウリ、ゆでたブロッコリーなどに添える。冷やしうどんにかけると、涼しげな夏の一品に。

[保存]
　びんに入れて冷蔵庫で保存する。

■だしがらのコンブ、シイタケで佃煮
❶二番だし汁をだしがらの入った鍋に1/3ほど残し、みりん大さじ４を入れて煮つめる。
❷冷めたら、香ばしく炒った白ゴマ大さじ３を混ぜる。
＊これで材料全部を無駄なく使いきることができる。

（丸山光代）

ミョウガの甘酢漬け

　ミョウガは、夏から秋にかけて出回ります。酢のもの、薬味や漬物に重宝します。香りの良い野菜ですが、生のままでは日もちがしないので、甘酢漬けにして楽しみます。漬け込み後、3日〜1カ月が食べごろです。

材料

ミョウガ……………… 200g	●甘酢液 塩………………… 小さじ1 酢………………… 80ml テンサイ糖…………… 40g

[作り方]

❶ミョウガはよく洗って、縦半分に切る。ざるに広げ1日陰干しする。

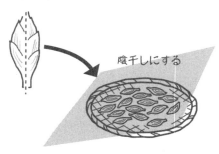

陰干しにする

❷ホウロウ鍋、またはステンレス鍋に調味料を入れ、甘酢液を作り、冷ましておく。

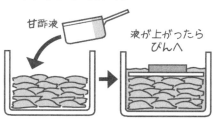

甘酢液　　　液が上がったらびんへ

❸ミョウガに甘酢液を注ぎ、ミョウガが甘酢液から出ないように、軽い重しをし、液が上がったらびんに移して、冷蔵庫で保存する。

（寺島恵子）

新ショウガで自家製のガリ

8月 葉月（はづき）

　市販のガリは甘みが強く添加物が多いので、手作りがおすすめ。さっとゆでることで新ショウガの辛味をおさえ、甘酢に漬けるとピンク色に発色します。

材料

新ショウガ……300g	酢……100ml
塩……小さじ1	テンサイ糖……30g

[作り方]
❶鍋にテンサイ糖と酢を入れ、火にかけて溶かし、冷ましておく。
❷新ショウガをよく洗い、薄く切る。

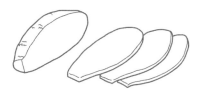

❸熱湯に入れ、再沸騰して5秒でざるにあげ、広げて塩をふる。

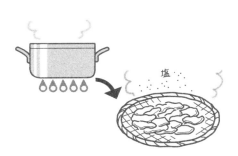

❹ショウガの水気を切り、びんに詰めて甘酢液を注ぎ、保存する。

[保存]
　甘酢漬けショウガは、冷蔵庫で6カ月保存できる。

●ショウガには2年以上たった根ショウガ、葉つきで収穫した葉ショウガ、新たに発根した新ショウガがある。

（寺島恵子）

キュウリの炒め酢漬け

旬のキュウリをさっと炒めた、すぐにできる中華風漬けもの。ピリ辛で、ゴマ油の風味は食欲の落ちやすい夏にぴったり。酢を使うので日持ちします。

[材料]（4人分）

キュウリ……………… 中2本	●調味料
赤トウガラシ……………… 1本	しょうゆ・砂糖・酢…各大さじ2
植物油……………… 大さじ1	ゴマ油……………… 小さじ1

[作り方]

❶キュウリは4cmの長さに切り、縦に8つに切る。
赤トウガラシはヘタを切って種を取り、小口切りにする。

[保存]
冷蔵庫で1週間～10日程度。
（古川年巳）

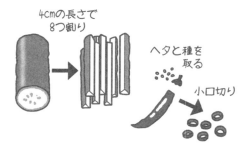

❷鍋を熱して植物油を入れ、❶を入れてさっと炒め、調味料を合わせた中に移し、皿1枚を上にのせて冷ます。
❸器に❷を形よく盛る。

9月 長月（ながつき）

シソの実の塩漬け

　9月のお彼岸前後が、シソの実取りの時期です。穂ジソの先端にまだ開いた花が残っているときから2、3日が最適です。

材料（4人分）

シソの実……………………適宜
塩……… 実の重量の15〜20%

[作り方]
① シソの実を穂からしごき取る。

② 一晩水に浸してあく抜きし、よくもみ洗いして、汚れを取る。水気を切る。
③ 塩（実の重量の15〜20%）をまぶして、軽い重しをのせて漬ける。
④ 2、3日後、フキンで包んで水気をしぼる。
⑤ ポリ袋に小分けして冷蔵庫で保存する。

● ご飯に添えて、即席漬けに。塩出しして、ぜんざいやお汁粉の箸休め、かき揚げに。

（市川和子）

●アレンジ
シソの実と米麹のしょうゆ漬け

　塩漬けしたシソの実を麹としょうゆに漬けて、うま味と甘味を加えます。ご飯のお伴に、お茶漬け、漬物などにどうぞ。

材料

塩漬けのシソの実………… 適宜
米麹…………… シソの実と同量
しょうゆ…………………… 適宜

[作り方]
❶塩漬けのシソの実と米麹を同量に混ぜ、広口びんに詰める。
❷しょうゆを8分目入れる。

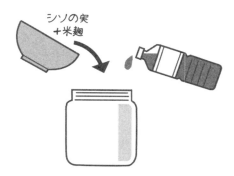

❸びんをよく振って、しょうゆを全体になじませる。

❹冷蔵庫で保存する。麹が軟らかくなったらシソの実が食べられる。

●お好みで刻み根ショウガを入れてもおいしい。

（市川和子）

シソの実の佃煮

青ジソや赤ジソの実を収穫し、佃煮にしておくと、そのままお弁当や常備菜に使えて重宝します。塩漬けは、塩出ししてから使うので、ひと手間かかります。

材料

シソの実……………… 150g　　しょうゆ……………… 大さじ2
みりん………………… 大さじ3　　白ゴマ………………… 大さじ2

[作り方]
❶シソの実を洗い、熱湯でさっとゆでて水に浸し、1時間ほどあく抜きする（塩漬けのものは、塩抜きする）。
❷ざるに上げ水気を切って、鍋にみりんとしょうゆを入れて煮る。
❸煮汁がなくなったら、白ゴマを混ぜ、火を止める。

●キャベツやハクサイなどの野菜と油で炒めたり、油揚げやフキなどの山菜と煮ても風味良く、アクセントになる。

（寺島恵子）

あちゃら漬け

博多の郷土料理。色鮮やかで食べやすい漬物。1日おくと味がなじんでおいしくいただけます。コンブとヤマイモの粘りがポイントです。

材料（4〜8人分）

キュウリ	200g
ニンジン	30g
干しシイタケ	1枚
コンブ	8cm角1枚
ゴボウ	40g
ショウガ	10g
ヤマイモ	30g

- 立て塩（水1カップ　塩大さじ1/2）＊48ページ参照。
- 合わせ酢

酢	60ml
薄口しょうゆ	60ml
キビ砂糖	100g

[作り方]

❶キュウリは小口切り、ニンジンは短冊切りにして、立て塩にしばらく漬け、しなやかになったら固くしぼって水気を切る。ゴボウはささがきにしてゆで、ショウガは薄切りにし、ヤマイモは短冊切りにする。

❷干しシイタケは水で戻して薄切りにし、コンブは細切りにする。

❸鍋に合わせ酢の材料と❷を入れて火にかけ、砂糖が溶けたら火から下ろし、冷ましておく。

❹ボウルに❶と❸を入れて軽く混ぜて漬け込み、冷やす。

ささがきしてゆでる　　戻してから薄切り

●あちゃら漬け——仏さまにお供えする供物で、お盆のお客さまに供した酢のもの。材料は、歯ごたえのある夏野菜を奇数種類用意する。ポルトガル語で漬物を意味するアチャールが語源。

（古川年巳）

鶏そぼろ

まとめて作っておくと、重宝です。ご飯の上にのせるだけでなくサトイモやカボチャ、トウガンなどの煮ものに入れるとそぼろ煮になります。お弁当にもぴったりです。

材料（出来上がり240〜250g）

鶏ひき肉……………………… 300g
ショウガ……………………… 30g
●調味料
酒………………………… 1/4カップ
しょうゆ……… 大さじ2・1/2

[作り方]

❶鶏ひき肉はたっぷりの熱湯に入れ、箸4〜5本を使って手早くかき混ぜ、ざるに上げて水気を切る。

❷ショウガは皮をこそげ取り、やや粗いみじん切りにする。
❸鍋に❶と❷と調味料を入れて箸4〜5本でよく混ぜて中火にかける。焦がさないようにかき混ぜながら汁がなくなるまで炒りつける。

❹バットなどにあげて手早く冷ます。

●鶏ひき肉は脂肪が多く脂っぽいので、一度ゆでこぼしてから味付けすると雑味が取れおいしく仕上がる。

[保存]
　冷蔵庫で5日、冷凍庫で1カ月保存できる。

（清水信子）

9月　長月（ながつき）

サンマのショウガ煮

秋といえばサンマ。旬の魚は栄養もおいしさも抜群。季節の魚を常備菜に。ご飯と合います。

材料(4人分)

サンマ	4尾
ショウガ	1片
酢	大さじ2
酒	大さじ3
しょうゆ	大さじ3弱
砂糖	大さじ2
みりん	大さじ1

[作り方]

❶ サンマは頭と尾を除いて3〜4cmの長さに筒切りにし、内臓を取り、洗って水気をふく。

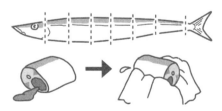

内臓を取り洗って水気をふく

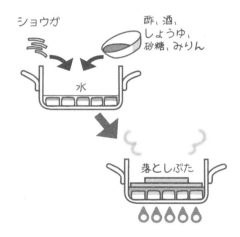

❷ ショウガは千切りにする。

❸ 鍋にサンマがかぶるくらいの水と、酢、酒、ショウガ、しょうゆ、砂糖、みりんを入れて、強火にかけ、沸騰したらあくをとって弱火にして、落としぶたをし、汁気がなくなるまでゆっくり煮る。

● 圧力鍋で弱火15分、蒸らし10分で煮れば、骨まで軟らかく食べられる。
● 酢を使うのでアルミ鍋は避け、ホウロウかステンレス鍋に。

(栗原澄子)

クルミ入り田作り

小さなカタクチイワシを素干しにしたものをゴマメと呼びます。甘辛いしょうゆだれを絡ませた料理名もゴマメ、または田づくり。クルミをみじん切りにしてまぶし、カルシウムの供給源として、最良の一品です。

材料

ゴマメ……………………… 50g	●調味料
クルミ…………………… 10個	酒………………… 大さじ1/2
	しょうゆ………… 大さじ1弱
	砂糖………… 大さじ1と1/2
	みりん………………… 小さじ2

[作り方]

❶オーブンを100度にセットする。天板に白い紙かペーパータオルを敷き、ゴマメが重ならないように広げ、オーブンに入れる。10分強、加熱する。ぽきっと折れるくらいになるとよい。

❷クルミは荒みじん切りにする。
❸小鍋に調味料をすべて入れ、焦がさないように注意しながら、大きな泡が立つまで煮立てる。
❹泡が小さくなったらゴマメを入れ、形を壊さないように手早く混ぜて絡め、火を止める直前にクルミを加える。

❺大皿にオーブンシートを敷いて、広げて冷ます。

(栗原澄子)

蒸し野菜

蒸し野菜をまとめて作っておくと、さまざまな料理に応用できます。ポン酢、練りみそ、ドレッシング、マヨネーズ、甘酢、オリーブ油、塩などを添えれば、瞬く間に1品になります。味が付いていないので、みそ汁やスープの具に、煮物、あえもの、サラダ、炒めもの、グラタンなども調理時間が短縮できて、重宝です。

材料

ニンジン	大根	ユリネ
ジャガイモ	カリフラワー	タマネギ
サトイモ	ブロッコリー	レンコンなど
カボチャ	芽キャベツ	

[作り方]

❶ニンジン、イモ類、カボチャは皮付きで、大きいものは適宜切り分ける。タマネギは半分に切り、切り口にオリーブ油を塗る。カリフラワー、ブロッコリーは小房に分ける。ユリネは一片ずつはがす。

タマネギはオリーブ油を塗る

❷芽キャベツは、下に十文字の切れ目を入れる。

❸仕上がりが同時になるように時間を逆算して、ニンジンなど硬いものから順に蒸す。七分通り、火が通ったら、火を止めて、ふたをしたまま余熱で蒸す。冷めてから野菜を取り出すと、形が崩れにくい。

＊完全に火が通るまで蒸すと、野菜を取り出すときに崩れやすくなる。

[保存]
冷蔵庫で3～4日はもつ。

（吉田玲子）

10月 神無月（かんなづき）

エノキダケのカツオ風味

エノキのうまみとカツオ節の風味を生かして、薄味の佃煮にします。お茶漬けや卵焼き、あえもの、サラダなどに加えてもおいしくいただけます。

材料

エノキダケ……………… 300g	酒……………… 大さじ1と1/2
しょうゆ……………… 大さじ3	酢………………………… 大さじ1
みりん………… 大さじ1と1/2	カツオ節 8g（4g入り袋2袋分）

[作り方]

❶ エノキダケは石づきを取って、2cmに切り、ほぐしておく。できるだけ石づきの端まで使う。

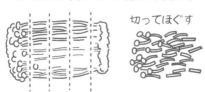

切ってほぐす

❷ 熱湯でさっとゆがき、ざるにあげる。

❸ 鍋に調味料を煮立ててエノキダケを入れ、汁が少し残っている程度に煮る。弱火で泡が立たないように静かに煮る。

❹ カツオ節を軽く炒って、冷めたら手で細かくして❸に混ぜる。

❺ 保存びんなどの密閉容器に移す。

[保存]

冷蔵庫で保存（10日くらい）。びん詰め（巻末113ページ参照）や、冷凍庫なら長期に保存できる。

（寺島恵子）

ドライアップル

リンゴを天日で干してお菓子に加工します。甘酸っぱさに疲労回復の効果があります。

【材料】

リンゴ……………… 1kg（約5個）	レモン汁……………… 半個分
砂糖………………………… 100g	食塩水………………… 適量
（リンゴの10〜20％）	

[作り方]

❶リンゴは皮をむき、6つ割にして7mmの厚さのイチョウ切りにして食塩水に浸し、ざるに上げて水切りする。

❷リンゴを鍋に入れ、砂糖をまぶして一晩寝かせる。

❸ふたをしないで中火で煮る。ふきこぼれに注意。リンゴが透明になり、煮汁が少なくなったら、レモン汁を入れて火を止める。

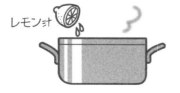

❹汁気を切ってざるに並べて干す。晴天で3日くらい。途中でひっくり返す。

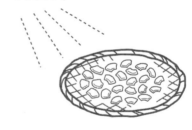

[保存]

密封保存すると1カ月はもつ。小分けして、冷凍庫で6カ月保存可。

（寺島恵子）

リンゴジャム

リンゴの品種にとくにこだわることはありません。色や香りがよく、値段が安い新鮮なリンゴが手に入ったときに、たくさん作っておきます。

材料

リンゴ……… 1kg（中3個程度）
砂糖………………………… 500g

レモン汁………………… 1個
＊紅玉など酸味のあるリンゴの場合は入れなくてよい。

［作り方］
❶リンゴをよく洗い、1/6のくし形に切って芯を取り、皮をむく。3mmの厚さに切り、鍋に入れる。

❷鍋に砂糖を入れ、強火で煮る。沸騰してきたら中火にし、あくを取りながら煮詰める。
❸つやが出て、とろみが出たら火を止めて、熱いうちにびんに入れる。

［保存］
　長期間保存する場合は、先に鍋でびんを煮沸消毒しておき、熱いジャムを入れ、びんを逆さにして殺菌する。1年間保存可能。（巻末113ページ参照）。

●温度計があれば104度で火を止める。
●リンゴの赤い皮を少し残して煮ると、赤味がかった美しい色のジャムになる。
●砂糖の量は、お好みで少なくしてよい。

（栗原澄子）

サバのそぼろ

　あらも使った甘辛そぼろで、応用範囲が広い常備菜。青魚のサバは、良質のたんぱく源で、体内で作れない必須脂肪酸のEPA（エイコサペンタエン酸）や、血圧を下げて脳の機能を活性化させるDHA（ドコサヘキサエン酸）を豊富に含んでいます。そぼろにすると、これらの栄養素が毎日手軽に摂取できます。

材料

サバの身と中骨などのあら……約300g	●調味液
ショウガ(千切り)………… 15g	しょうゆ……………… 大さじ3
	酒…………………… 大さじ3
	みりん……………… 大さじ3
	砂糖………………… 大さじ2

[作り方]

❶サバを三枚におろし、中骨を鍋に入る大きさに切る。

↓鍋に入るように

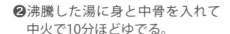

❷沸騰した湯に身と中骨を入れて中火で10分ほどゆでる。

ざるに上げて冷ます。
❸骨や血合いなどを取り除く。
❹鍋にサバのほぐし身、調味液、ショウガの千切りを入れ、汁が少し残るくらいまで強火で煮つめる。煮つまってきたらヘラでほぐして冷ます。

[保存]

　2週間以上保存したい場合は、冷凍保存する。

（栗原澄子）

サケのフレーク

そのままいただいてもおいしく、炒めものや蒸しものに加えても、いいだしが出ます。

材料

甘塩サケ……　4切れ（約300g）
酒………………………… 大さじ2
油………………………… 小さじ1
塩………………………… 少々
(生のサケのときは塩小さじ1/2)

炒り白ゴマ…… 大さじ1と1/2
植物油………………… 小さじ1

[作り方]

❶サケは1切れを3〜4つに切り、沸騰した湯に入れて中まで火を通す(5分程度)。

❷ざるにあげて水を切り、皮と骨を取り除き、身をほぐす。

骨や皮を除いて、身をほぐす

❸鍋に❷を入れて植物油を加え、菜箸4〜5本を使って身をパラパラにして酒を加え、さらに炒める。味見して薄いようなら塩少々を振って調える。

❹バットに広げて冷ます。
❺ゴマを加えて混ぜる。

[保存]

長く保存したいときは、よく炒りつけて水分を飛ばすこと。2週間以上保存したい場合は冷凍保存する。

（栗原澄子）

●アレンジ サバのそぼろ丼

材料

ご飯…………小どんぶり1膳
サバのそぼろ……………適量

●季節の薬味
青ジソの千切り…………適量
ミョウガの千切り………適量
ショウガの千切り………適量
焼きノリ………………1/4枚

[作り方]
❶しょうゆ、酒、塩少々、コンブ適宜を入れてご飯を炊く（普通のご飯でも良い）。
❷ご飯にサバのそぼろをのせ、青ジソの千切り、ミョウガの千切り、ショウガの千切りなど季節の薬味をのせ、上から細く切ったノリをかける。

（栗原澄子）

●アレンジ イクラ・サケの親子丼

サケとイクラをたっぷり盛った、すぐできる、ごちそう丼です。

材料

ご飯…………小どんぶり1膳
しょうゆ漬けイクラ…約30g
サケフレーク…大さじ2～3
青ジソ…………………2枚
焼きノリ………………1/4枚
ワサビじょうゆ…………適量

[作り方]
❶シソの葉をご飯の上に敷き、イクラとサケとノリをのせる。
❷好みでワサビじょうゆをかけてもよい。

（栗原澄子）

和菓子風　クリの渋皮煮

　甘さがしみ込んだ"もっくら"とした味わいが、最高の和菓子です。晩夏から秋の時期にしか出回らないクリも、渋皮煮にしてびん詰めにすると、長期保存できます。

材料

クリ……1kg（30〜35個くらい）
テンサイ糖………………700g
重曹…………………… 大さじ1

＊クリはなるべく新鮮なもの。

[作り方]

❶クリはたっぷりのぬるま湯につけ、鬼皮をきれいにむき取る。クリの内側の真ん中に包丁を入れるとむきやすい。

＊渋皮に傷をつけてしまうと、煮ているときに中身が崩れ出てしまうので注意する。

❷クリがかぶるくらいの水に重曹を入れる（渋皮の渋味を抜くため）。沸騰したら火を弱め、あくを取りながら10分ほど煮る。

❸湯を捨て再度水を加え、10分ほど煮る。

❹クリを水にさらし、冷めたらクリを傷つけないように注意して、手でこするように渋皮の筋を取り除く。

❺クリを鍋に戻し、クリがかぶるくらい水を入れ、沸騰したら、火を弱めて10分ほど煮る。これを1、2度くりかえしてあくを抜く。湯が濁らなくなれば、あく抜きが完了。

❻クリを鍋に戻し、ひたひたの水にテンサイ糖を2、3回に分けて入れ、紙ぶたをして弱火で20分ほど煮含める。火から下ろして一晩おく。

❼翌日、再度5分ほど火にかけて、そのまま冷ます。

[保存]

　長期に保存する場合は、びん詰め（113ページ参照）で冷蔵保存、あるいは密閉用ポリ袋に入れて冷凍保存する。

（寺島恵子）

11月 | しもつき 霜月

アジのひと塩干し

　干物作りは意外と簡単。塩の力と風の力が、生とは違ううまみを出し、保存性を高めてくれます。干物作りは風が冷たくなる11月ごろからが適しています。焼き魚にしておいしい材料なら、干物にできます。手作りの干物はとびきりおいしいので、ぜひお試しを。

材料

アジ……………………… 4尾　　塩分5％の塩水……… 2カップ
（その他の魚もこの要領で）　　　（水2カップ、塩20g）

[作り方]

●魚の下ごしらえ（腹びらき）
❶えらぶたをめくり、包丁を入れ、えらの付け根を切り、えらをかき出す。

❷えらぶたの下の腹に包丁を入れ、肛門まで切り、内臓を取り、水洗いする。
❸中骨の上に包丁を当て、尾の付け根まで開く。
❹包丁の根元を使って頭を割る。割るだけで、切ってしまわないように注意する。

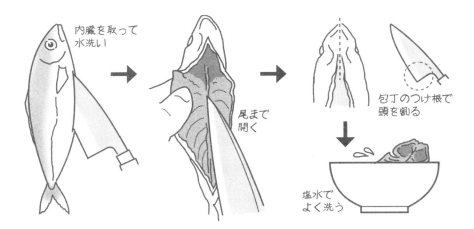

❺冷たい塩水(薄い塩水、材料以外)で手早く水洗いをして、残った腹わたや血合いをよく落とす(歯ブラシを使うと一気に取れる)。
❻魚が浸かる量の5％の塩水を作り、魚を浸ける。30分〜1時間ほど浸けて水気をよくふき、干す(この時間は好み)。

[干すポイント]
●干す：ざるや洗濯物干し、ハエが飛んできやすい場合は、干物専用の網を使う。
●干す場所：風通しの良いところ。あまり風がなければ、扇風機をかける。
●干す時間：目安は晴れた日なら3時間ほどでもよいし、半日でも。さらに1日干してもよい。お好みで。

（栗原澄子）

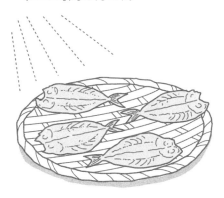

イカの一夜干し

イカの一夜干しは、塩水に20分くらい浸けて、数時間干せば完成する簡単な干物です。

材料

イカ……………………… 1杯　　水……………………… 200ml
塩……………………… 小さじ1強

[作り方]

❶ イカは胴体の中央に縦に包丁を入れて開き（墨袋を傷をつけないように注意）、内臓と軟骨、くちばし、目を取り除く。足の吸盤の硬いところも取る。皮をむいて、水洗いする。

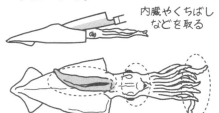

内臓やくちばしなどを取る

❷ 塩と水で塩水を作り（3％の塩分）、イカを入れて20分くらい浸ける。

❸ 塩水をよくふき取り、ステンレスのざるに広げ、風通しのよい所で、太陽に干す。2時間くらいしたら裏返し、4～5時間干す。

●ロープ干し

本格的にするにはイカの耳の下と真ん中のあたりに、竹串を横に2カ所刺す。風通しのよい所にロープ（ビニールテープでもよい）を張り、イカの耳を上にしてロープにはさんで干す。

●ハエが飛んで来やすいので、ロープ干しの場合は、台所で使う三角ネットで覆うとよい。夕方から朝まで干すと、ハエの心配はない。ネコやカラスにも注意を。

[保存]

冷蔵庫で3～4日。その後は冷凍保存。

（家庭栄養研究会）

イワシのみりん干し

手開きで開けるイワシは、たれさえ用意しておけば簡単に作れて、子どもも大好きです。数時間から半日干して、焼いて食べます。たれは冷蔵庫で保存すれば、何回か使えます。

材料

イワシ……………………… 4尾

●調味液
みりん………… 大さじ1と1/2
酒……………… 大さじ1と1/2
砂糖…………………… 大さじ1
しょうゆ……………… 大さじ3

[作り方]
❶イワシを開く。頭を落として腹わたを出し、冷たい水で手早くきれいに洗う。とくに血合いはきれいに落とす。手開きして中骨を取る。

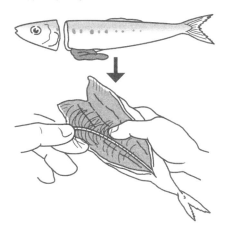

❷調味液に魚を約20分浸け込む。

❸キッチンペーパーで、よく汁を切ってから干す。

（栗原澄子）

イワシのさつま揚げ

イワシのすり身にゴボウを入れて油で揚げ、ショウガじょうゆなどでアツアツを食べます。

材料（4人分）

マイワシ……………………… 4尾	パン粉……………… カップ1/4
ゴボウ………………………… 100g	卵……………………………… 1個
みそ………………………… 小さじ2	揚げ油
小麦粉……………………… 大さじ1	

[作り方]

❶イワシは手開きにして皮から身をはずし、細かく刻んで、すり鉢またはフードプロセッサーですってなめらかにする。みそ、小麦粉、パン粉、卵を入れてよく混ぜる。

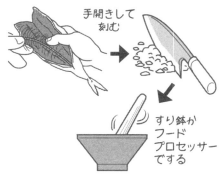

❷ゴボウは包丁の背で皮をこそげて、ささがきにし、水にさらしてから、水気を切る。

❸❶に❷を入れ、木べらで混ぜ合わせる。

❹油を熱し、❸の生地を一口大に丸めて170度で2分ほど揚げる。

●ゴボウはイワシの臭みを消す効果がある。
●スダチやショウガじょうゆで食べる。

（栗原澄子）

千切り干し大根

11月 霜月（しもつき）

　大根は干すことによって、大根の甘さが凝縮され、味わい深い食材になります。千切り、イチョウ切り、輪切りなど変化をつけることで、料理の変化も楽しめます。

[作り方]
❶大根は3mmの輪切りにして、幅5mmの千切りにする。
❷盆ざるに広げ、風通しの良い、日のあたる場所で干す。
❸しんなりしてきたら両手で挟んでもみ、完全に乾くまで4〜5日干す。

[保存]
　干し大根は常温で半年程度もつ。
（栗原澄子）

●アレンジ
切り干し大根の煮物

材料

切り干し大根………………… 20g	しょうゆ……… 大さじ1と1/2
油揚げ………………… 1/2枚	酒…………………… 大さじ1/2
削りかつお節… 3g(小1パック)	みりん…………… 大さじ1/2
切り干し大根の戻し汁　カップ1	

[作り方]
❶切り干し大根はサッと洗って水で戻し、水気を切る。戻し汁はとっておく。
❷油揚げは熱湯をかけて油抜きをし、細切りにする。
❸鍋に戻し汁と切り干し大根を入れて3分ほど煮る。
❹❸に油揚げとしょうゆ、酒、みりんを入れ、中火で10分ほど煮る。
❺削りかつお節をもみながら加え、さっと混ぜ合わせる。

（栗原澄子）

● アレンジ
切り干し大根のハリハリ漬け

材料

切り干し大根……………… 適量	●合わせ酢の割合
赤トウガラシ……………… 適量	酢・1：酒・1：みりん・1：
コンブ…………………… 適量	しょうゆ・1/3

[作り方]

❶切り干し大根をサッと洗いしぼる。水につけたり何度も洗ったりすると、甘味が抜けてしまう。

❸合わせ酢に赤トウガラシとコンブを加え、切り干し大根を入れて混ぜ、漬けこむ。

　＊合わせ酢は、アルコールが弱い人の場合、煮立ててアルコール分を飛ばす。

[保存]

漬け汁につかっていれば、1ヵ月くらいもつ。

❷赤トウガラシは種を除いて小口切りにする。コンブは表面をふいてハサミで長さ2cmに細く切る。

●30分ほどで食べられる。
●ハリハリは、パリパリと歯ごたえがあるので、この名がついたと言われています。

（栗原澄子）

種は取る

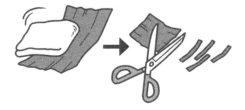

大根とユズの塩漬け

11月 霜月（しもつき）

材料

大根……………………… 200g	コンブ………………………… 10g
ユズ…………………………… 1個	塩…… 小さじ1（大根の2.5%）

[作り方]

❶ ユズは洗って包丁で皮をそぎとり、千切りにし、果汁はしぼっておく。

❷ 大根、コンブは千切りにしてボウルに入れ、塩をまぶして15分ほどおく。しんなりしたらユズの皮と果汁を加えて混ぜ、軽い重しをして1時間漬ける。

皮をそいで千切りに

果汁はしぼる

大根、コンブ　塩を振る

ユズの皮と果汁

軽い重しをする

（栗原澄子）

ユズ巻き大根

材料

大根………… 1/2本（約50枚分）	●漬け汁
ユズ……………………………… 5個	ユズのしぼり汁…… 1/4カップ
酢…………………… 1/4カップ	酢…………………… 1/4カップ
砂糖………… 大さじ1と1/2	砂糖………… 大さじ1と1/2
	塩………………………… 小さじ1/2
	湯ざまし…………… 1/4カップ

[作り方]
① 大根はごく薄切りにし、ざるに広げて2～3時間おく。
② ユズの皮は細切りにする。
③ ②を芯にして大根で巻く。糸を通して物干しざおなどにつるし、半日ほど陰干しする。
④ 漬け汁に③を漬け込む。

[保存]
　漬け込んで半月ほどが食べごろ。冷蔵庫に保存すると30日ほどもつ。

（栗原澄子）

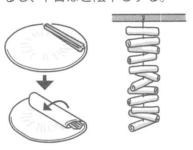

ユズたっぷり　大根なます

材料

大根……………… 中1本（1kg）
ニンジン………… 4cm（50g）
ユズの皮………………… 1個分
塩…………………………… 大さじ1

●甘酢
ユズまたは、カボス、スダチなどのしぼり汁……… 2/3カップ
＊ない場合は、純米酢1/2カップと水1/3カップ
砂糖… 大さじ5（甘さは好みで）

[作り方]
① 大根とニンジンは縦4cmの千切りにする。ユズは皮をそいで千切りにする。
② 大根とニンジンに塩を振り、ていねいにもみ、水気をしぼる。
③ 甘酢をかけて混ぜる。混ざったらユズの皮を入れてさっくり混ぜる。

●ユズがたくさん手に入ったときに作る冬の大根料理。これにハムの千切りを加えた栗原流正月なますもおすすめ。

（栗原澄子）

干し柿

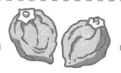

干し柿作りは、木枯らし1号が吹き始める11月の最終週が最適です。気温・湿度・風向き・風力などが、出来具合に影響します。

[作り方]
❶柿は、必ず小枝の部分を2〜3cm残して収穫する。
❷家庭用ピーラー(皮むき器)を使って、ヘタから底に向かって皮をできるかぎり薄く、形よくむく。

❸小枝にビニール紐などを巻きつけて固定し、40〜50cm離して、別の柿を結ぶ。
❹物干し竿などに振り分けて、雨が当たらない軒下につるす。

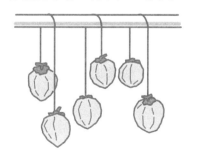

❺風に吹かれ、水分が抜け、表面が飴色に変わり始めたら、柿を両手で軽くもみほぐす。以後、1週間から10日の間隔で、あと2度ほどもみほぐします(コチコチに硬い干し柿にしないため)。
❻1カ月ほどで干し柿になる。

●粉を吹かせたい場合―木製の空箱に和紙を敷いて干し柿を並べ、その上に和紙を乗せる(湿気を吸着する)。ふたをして1週間から10日おく(長くおくとカビるので注意)。粉は、柿の中からブドウ糖や果糖の結晶が表面に出たもの。

おすすめの一品

■柿なます
　干し柿を大根なますに入れると砂糖が不要です。大根を千切りにし、塩少々でもんで水分をしぼります。種を取った干し柿を薄切りにして、米酢を入れるだけ。半日すれば食べられます。ユズの皮を入れると香りも色も良くなります。

(西山一枝)

12月 | 師走(しわす)

ハクサイの漬物

少人数の家庭向けのハクサイ漬けです。卓上用の漬物容器を使います。

材料

ハクサイ……… 1/2株（1.5kg）	赤トウガラシ………… 1～2本
塩…… 45g（白菜の重さの3%）	ユズ………………… 小1個
コンブ……………… 10cm1枚	

[作り方]

❶ 1/2株のハクサイを六つ割にして洗い、水気を切っておく。切り口を上にして並べ、5時間ほど日に当てる。途中1回裏返す。日に当てると甘みが出る。

❷ ハクサイの芯の部分に塩をこすりつけ、平らな容器に詰め、重し（ハクサイの2～3倍）をして、1日おく。

❸ 塩が浸透し、水が上がってきたら本漬けする。卓上用の漬け物容器に移し、赤トウガラシ、4つに切ったコンブ、ユズの半月切りを散らし、重しをして冷暗所におく。

● ハクサイを六つ割にするとき、軸の部分だけに包丁を入れる。あとは手で裂く。葉先まで切ると、細かい切れ端が出るので、注意。

（栗原澄子）

本場直伝　ハクサイキムチ

12月 師走（しわす）

　本場のキムチは、香りや甘味・うま味があります。その秘密は、香り高い韓国産トウガラシと、魚介類・香辛野菜。韓国北部では冬場、カキやイカなどの魚介類をハクサイキムチに入れます。

材料

ハクサイ	2株
大根	1/3本
長ネギ	3本
アサツキ	1/2束
セリまたはニラ	1/2束
カラシナ	1/2把
ニンニク・ショウガ	各2片
小エビ（またはアミ）の塩辛	1/4カップ
カキ（生食用）	200g
＊またはイカ（生）	1杯
赤トウガラシの粉	1カップ
塩・砂糖・塩イワシの汁	適宜

＊トウガラシは韓国産のほうが香りや甘味がある。

［作り方］

❶ハクサイは洗って根もとから半分くらいまで包丁を入れ、あとは手で裂く。さらに1/4株になるよう包丁を入れ、手で裂く。

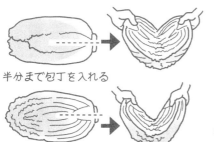

半分まで包丁を入れる

❷水10カップに塩1カップを溶かし、ハクサイを12時間ほど下漬けする。その後冷水を通して塩気を取り、水気を切る。

❸大根を千切りにする。

❹小エビの塩辛を刻む。

❺大根と赤トウガラシ粉と塩辛を、大根が赤く染まるまで力を入れてよく混ぜる（刺激が強いのでビニール手袋を使うとよい）。

❻カキは薄い塩水でふり洗いし、水気を切る。短期間に食べる場合はカキがよく、長期間保存する場合はイカをミンチにかけて使うとよい。
●夏季には魚介類は使用しない。
❼アサツキ、セリ、長ネギ、カラシナは4cmに切る。ニンニクとショウガはみじん切りにする。
❽❺の大根に❻のカキ、❼の香味野菜、塩、砂糖、塩イワシの汁＊を混ぜ合わせる。これをハクサイの葉の間にはさんでいく。

葉の間にはさむ

●あまり塩辛くしすぎると、キムチの風味が飛んでしまうので、要注意。
●塩イワシの汁は、韓国食材店で販売している。濃い煮干しのだし汁でもよい。

❾はさみこんだ具がこぼれないように、外側の葉でくるむ。かめの中に交互に重ねて入れ、外葉で上を覆う。軽めの重しをする。

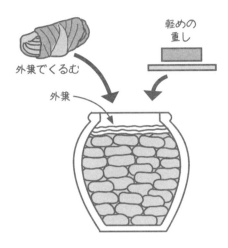

外葉でくるむ　軽めの重し
外葉

❿室温20度の場合、3、4日目で食べられる。

［保存］
冷蔵庫で保存する。

（任 愛珠）
　イム　ェジュウ

自家製　イカのくん製

自家製のくん製はとてもおいしく、クリスマスやお正月料理にとても喜ばれます。段ボール製のくん製キットを使うと手軽にできます。

材料

スルメイカ……………………… 4杯
●ピックル液…………… 200ml
＊水1.2ℓ、塩300g、黒砂糖60g、しょうゆ60mlを煮立て、アクをとりながら20分ほど煮る。

●調味液
日本酒………………… 140ml
みりん………………… 大さじ1
塩……………………… 大さじ1

オリーブオイル…………… 少々
●スパイスと香味野菜
黒コショウ…………… 小さじ1
オールスパイス……… 小さじ1
タマネギ(薄い輪切り)… 1/2個
レモン(薄い輪切り)… 1～2枚

サクラチップ………… 2カップ
　　　　　　　　（1時間分）

[作り方]
❶イカは皮つきのまま胴と足を離し、わた(内臓)を破らないように取る。胴の中と足(とくにつけ根)を流水できれいに洗う。

❷ボウルにピックル液と調味液とスパイス、香味野菜類を入れる。
❸ポリ袋の中に水気をよく切ったイカを入れ、❷を注ぎ冷蔵庫で一晩寝かせる。

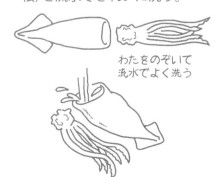

わたをのぞいて流水でよく洗う

一晩冷蔵庫に

❹❸からイカを取り出して、たっぷりの水の中に浸し、1時間ほど塩抜きする。

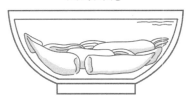

1時間塩抜き

❺75〜80度の湯にイカを入れ、約3分ボイルする。胴がぷっくりふくれたら、冷水で冷まし、水気を切る。
❻イカの胴の中まで乾いたら、ハケで薄く油を塗り、60〜70度で1時間ほどくん煙する。
❼煙の香りをやわらげるために空気にさらし、好みの乾き具合になるまで干す。

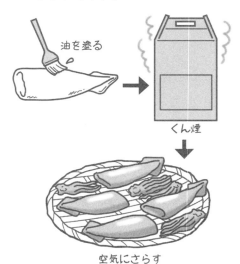

油を塗る
くん煙
空気にさらす

市販のくん製キット

●くん製のチップは、ホームセンター、大手スーパー・デパートなどで入手できる。
●くん製キットは市販されているが、中華鍋ともち網でも可(106ページ参照)。

●くん製の原理──その昔、吊るしておいた魚や肉が、かまどやいろりの煙によっていぶされ、腐敗をしないことを発見。香り、味まで良くなった、というのがくん製の誕生。

(石井正江)

ワイン蒸し　生ホタテ貝のくん製

12月　師走(しわす)

生のホタテ貝をくん製にします。ワインの香り、サクラチップの香りが味をアップさせます。

材料（3人分）

- ホタテ貝（生の殻付き）… 大3個
- オリーブ油………………… 少々
- サクラチップ………… 4カップ

●調味液と香味野菜
- ピックル液……………… 100ml
  （作り方は103ページ参照）
- 白ワイン………………… 100ml
- 黒コショウ（粒）…… 小さじ1/2
- 月桂樹の葉（ローリエ）　… 1枚
- タマネギ（薄い輪切り）… 1/4個

[作り方]

❶ 貝は殻付きのままワイン蒸しにする（白ワインまたは日本酒100ml[分量外]をふりかけて、2～3分蒸す）。殻から貝をはずす。

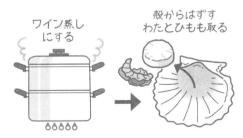

❷ 調味液と香味野菜を合わせ、ホタテを4～5時間漬け込む。
❸ ホタテを水洗いし、30分水に浸して塩抜きする。
❹ 70度の湯で、ホタテを10分ほど軽くボイルする。
❺ ホタテを冷水で冷まし、表面が乾いたらハケでオリーブ油を薄く塗り、竹串に刺してくん煙する。60～70度で約2時間（最初は低く、温度は徐々に上げていく）。

❻ 黄色く色づいたホタテを空気にさらして、出来上がり。

（石井正江）

フライパンでかんたん 豚肉のくん製

フライパンでかんたんにくん製を作ります。肉をじかに網におくと、脂が落ちて焦げますので、アルミ箔を敷いてくん煙します。

材料（4人分）

豚バラ肉……………………180g	サクラチップ………………15g
塩（豚バラ肉の2％）………3.6g	ザラメ………………大さじ1
コショウ……………………少々	カボス…………………………1個

[作り方]

❶豚バラ肉に塩、コショウをすりこみ、冷蔵庫に2時間ほど入れ、表面を乾かす。

❷フライパンにサクラチップを敷き、丸い網をおく。アルミホイルは肉の脂がもれないように舟形を作る。

ふたをし、くん煙する

チップを入れる

❸アルミホイルの舟形に❶を入れ、網の上におく。ふたをして弱火で30分ほどくん煙し、チップの上にザラメを散らし、弱火で10分ほどくん煙する。

❹くん煙した肉が冷めたら、冷蔵庫で冷やし、乾燥させる。

❺くん製肉を薄く切り、器に形良く盛り、くし形に切ったカボスを添える。

●くん製の食材──鶏のもも肉・ささ身、ゆで卵、チーズなどもおすすめ。

[保存]
ラップをして臭いがつかないようにする。冷蔵庫で1週間はもつ。

（古川年巳）

トビウオの板付きかまぼこ

白身のトビウオは脂が少なく、歯ごたえがあるかまぼこになります。

材料（板付き2本分）

トビウオ······················ 2尾
(500g。上身で200g)
＊上身（じょうみ）──内臓、骨、皮などを除いた身の部分。

おろしショウガ················ 適宜
ポン酢またはしょうゆ··· 各適宜

●調味液
酒・みりん············ 各大さじ1
卵白・片栗粉········· 各大さじ2
塩······················· 小さじ1

＊かまぼこの板　板を洗って干し、とっておく（5cm×11cm）。ない場合はクッキングシートで代用。

[作り方]
❶トビウオは3枚におろして、小骨や皮を取り除き(材料の箇所に記述あり)、1cm幅に切る。中骨に付いた身はスプーンでこそげ取る。フードプロセッサーにかけるか、すり鉢でする。

骨や皮を除いてすり身に

❷❶に調味液を加え、身の塊がなくなるまで、さらにフードプロセッサーにかけるか、すり鉢でよくする。
❸かまぼこの形をイメージしながら、ゴムべらでかまぼこ板に生地をぬりつける。

❹蒸気の上がった蒸し器に入れ、ふたの間に乾いたフキンをはさみ、強火で15分ほど蒸す。
❺蒸し終わったら氷水に入れて冷やす。冷めたらかまぼこを板からはずす。
❻1cm幅に切って器に盛り、おろしショウガを添え、ポン酢・しょうゆなどとともにいただく。

●アジのかまぼこ──アジは身がしまり、弾力あるかまぼこができる。

[保存方法]
　板につけたままで、ラップで包む。保存は冷蔵庫で3日間前後。

（古川年巳）

コマツナのナムル

　カロテンや葉緑素が多く含まれる葉物のなかでも、とくにコマツナはカルシウムが多い野菜です（牛乳の2.6倍）。まとめてゆでて、ゴマ油でコーティングしてナムルにすると、ゆでたままより日もちします。

材料（4人分）

コマツナ……………………… 1把	塩…………………… ひとつまみ
ゴマ油……………… 小さじ2	シラス干し…………… 大さじ2
しょうゆ………… 大さじ1弱	白いりゴマ…… 大さじ1と1/2

[作り方]

❶表面積が大きい葉の部分は、汚れや農薬が付着しやすいため、温湯で洗い、コラム欄のような洗浄剤に浸す（または、30分以上水に浸けて汚れを落とす）。

❷シャキシャキ感を出すために、湯が50度（下記参照）になったら❶を茎から入れ、十数秒たったら、葉の部分も湯に入れる。中火にして沸騰しないようにする。コマツナは上下を返し、2分半くらいで、ざるにあげる。1把全部入れると温度が下がるので、半分ずつゆでるとよい。

❸コマツナを4cmに切り、温かいうちにゴマ油をかけ、手でもみ込む（しょうゆなど塩分を先に入れると水っぽくなる）。湯通ししたシラス干し、調味料、すった白ゴマを加え、手で混ぜる（箸より手のほうが、均一に味がつく）。

（家庭栄養研究会）

■野菜を長もちさせる知恵

❶50度のマジック
　50度（手がやっとつけられる程度）のお湯に野菜を10～20秒（硬い野菜は2～3分）入れ、すぐに冷水にとります。シャキッとして日もちがします。

❷ホッキ貝の焼成粉末で洗う
　抗菌作用があるホッキ貝の焼成粉末（商品名例：安心やさい）を水に溶かして野菜を10～15分程度浸すと、日もちが良くなります。

塩麹

塩麹は難しく考えず、塩を使う感覚で使いましょう。ご飯を炊くとき、煮物、あえ物、汁物などに入れると、こくが出ておいしくなります。ほんの少量で効果を発揮しますので、使い過ぎて塩分をとり過ぎないようにご注意ください。

材料

- 米麹（乾燥）……………… 200g
- 湯……………………………… 300cc
- 自然塩……………………… 60g

[作り方]

❶清潔なボウルに米麹を入れ、自然塩を加えてよく混ぜておく。
❷❶に沸騰させて60度に冷ました湯を入れ、よくかき混ぜる。

❸ラップをかけ、バスタオルを巻いて自然に冷ます。

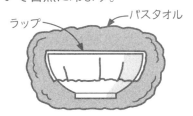

❹❸を毎日1回以上かき混ぜる。
❺室内の気温にもよるが、4～7日おき、麹がドロッとなって、ほんのり良い香りがし、味をみてうま味が出てきたら出来上がり。
❻清潔な器に移して冷蔵庫に入れる。4～6カ月間保存できる。

（清水信子）

ユズ砂糖

ユズと砂糖をミックスした甘味料。用途が広く、ユズの香りを楽しめます。

材料
ユズ	8個
白砂糖	1kg

[作り方]

❶ユズの皮をすりおろし器でする。（ユズの実は酢の物などに使う）

❷鍋に❶と砂糖200gを入れ、木しゃもじでかき混ぜる。火にかけ、とろっとしてきたらすぐに火を止める（火にかけすぎ、液状にしない）。

❸❷に残りの砂糖を少しずつ混ぜていく。

❹ユズの皮が全体に混ざったら、新聞紙大の紙の上に広げ、両手でダマをとるようにもむ。サラサラしたら容器に入れて保存する。

[使い方]

　紅茶やショウガ紅茶に入れると、疲れた心と体を癒やし温める。だて巻きに入れたり、バタートーストに振りかけたり、さまざまに使える。

（栗原澄子）

お台所のべんり帖

- ●容器はホウロウか
  ガラス製、陶製のかめがおすすめ ……… 112
- ●容器の消毒方法………… 113
- ●冷凍保存のポイント………… 114
- ●野菜の保存法………… 115
- ●乾物の戻し方………… 116
- ●調味料の選び方………… 117
- ●分量の目安………… 119
- ●野菜の切り方………… 120
- ●魚のおろし方………… 122

保存容器はホウロウか
ガラス製、陶製のかめがおすすめ

　プラスチック製、金属製の容器は、色やにおいがつき、酸や塩分で成分が溶出しやすい特徴があります。また、プラスチックは細かい傷がついて、雑菌が増えやすくなります。

　一方、ホウロウは、雑菌がつきにくく、においも移りません。そのまま冷凍保存も、火にかけることもできます。

　透明のガラス容器は、漬かり具合など中身が見えるので重宝します。金属のフタは、塩分や酸に弱いので、フタもガラス製またはプラスチック製のものが使いやすいでしょう。広口の容器が、出し入れしやすく便利です。大きさは、水が上がってくるものもあるので、大きめの容器がよいでしょう。

　とくに粕漬けやキムチ、みそは、色が残りやすいので、ホウロウやガラス容器、かめ（陶製）だと安心して保存できます。

ホウロウの特長

- 耐久性に優れている
- 保湿性に優れ、冷めにくい
- 火にかけることができる
- においがつきにくい
- 酸と塩に強い
- 傷つきにくいので、腐食しずらい
- 電磁波を通さないので、食材の質が変わらない

★料理を鍋で保存する場合、ホウロウは成分が溶出しませんが、アルミの鍋やステンレスの鍋、鉄製、フッ素加工(テフロン加工)の鍋は、酸や塩分で金属成分が溶け出すため、1日以上おく場合は、別の容器で保存を。

容器の消毒方法

1週間以上保存する場合、容器は必ず消毒をします。

❶熱湯消毒
・鍋に入るサイズの容器

　鍋に容器（ゴムの部分ははずしておきます）を入れて、水をひたひたに加えます。

　徐々に火を強めてゆっくりと加熱し、沸騰後火を止め、5分ほどおきます。

　取り出した後は、自然乾燥させます。

・大型容器

　容器に直接熱湯を注ぎます。湯を捨てて、自然乾燥させます。

❷アルコール消毒

　エタノールかホワイトリカーをスプレーします。

冷凍保存のポイント

●冷凍保存に向かない食べもの
　卵、生クリーム、豆腐、こんにゃく、プリンやゼリーなど。これらの食品は水分が凍るため、解凍したとき、スポンジ状になってしまいます。

●冷凍保存できる食材
　薬味によく使う、ショウガ、ニンニク、ネギ、パセリなどは、あらかじめ細かく刻んで冷凍保存しておくと便利です。
　ショウガなどは、すりおろして1回分ずつラップにくるむか、製氷皿に入れてラップをしておくと、すぐに必要な分量だけ使えて重宝します。

●ご飯もパンも冷凍
　ご飯やパンは、冷凍するのに適しています。
　ご飯は食べる分量ごとに小分けにして、ラップで包む。ジッパー付きポリ袋（例・ジップロック）、プラスチック容器などで保存。パンはポリ袋に直接入れて保存できます（スライスしていない場合は切っておく）。

●冷凍保存の方法
　温かいものは、あら熱を取っておきます。また、乾燥や脂肪の酸化を防ぐため、ラップやポリ袋などに入れて、できるだけ空気を遮断します。ジッパー付きポリ袋を使うと、簡単に保存できます。
　保存容器は、よく洗って消毒しておき、汚染を防ぎます。

●保存期間
　食材の組織の傷みや保存中の温度の変化により、品質の劣化が早く進むこともあるので、2～3週間以内に使い切るのが理想です。
　とくに脂肪を含む肉や魚は、冷凍中でも油脂が酸化するため、3週間程度のうちに食べたほうがよいでしょう。

野菜の保存法

●立てて保存
　アスパラ、葉物類は、横に置くと立ち上がろうとして栄養分を消耗するため、冷蔵庫で立てて保存します(濡らしたキッチンペーパーで包み、ポリ袋に入れる)。アスパラは時間が経つと、甘味が減少するので、早めに調理を。

●芯をくり抜き保存
　レタス、キャベツは芯から腐りやすいので、芯をくり抜き、濡らしたキッチンペーパーを詰め、ポリ袋に入れて冷蔵庫へ。

●すぐに調理したほうがよい野菜
　エダマメとトウモロコシは、時間が経過すると糖分やうま味が半減するので、入手したらすぐに調理を。無理な場合は、必ず冷蔵庫へ(トウモロコシは立てて保存)。
　ブロッコリーも、意外に早く黄色くなるので、早めの調理が必要です。

●大根はすぐ葉をカット
　大根は葉を付けたままにしておくと、スが入りやすいので、入手したら、葉の付け根のギリギリのところをカット。

●泥つきのまま保存
　泥付きゴボウや長ネギは土に埋めるか、少し濡らした新聞紙で包み、ポリ袋に入れ、常温で立てて保存するとよいでしょう。ゴボウは乾燥しやすいので、小量の場合はポリ袋に入れて冷蔵庫へ。

●常温で保存
　イモ類、タマネギ、丸のままのカボチャは常温で。ジャガイモは紫外線で有毒成分が生成します。蛍光灯も紫外線を出すため、ジャガイモは新聞紙などに包み、段ボール箱に入れましょう。

乾物の戻し方

　常温で保存がきく乾物は、いつでも使えて重宝です。水で戻すと、意外に量が増えるので、戻し率を知っておくと便利です。

食　材	戻し率 (重量)	戻し方
塩蔵ワカメ カットワカメ コンブ ヒジキ	2倍 10倍 3倍 5倍	さっと洗って塩を落とし、水に10分浸す 水に5分浸す 水に15分浸す 水に20分浸す
切り干し大根 かんぴょう	4〜5倍 7〜8倍	2、3回水洗いし、たっぷりの水に15分浸す 塩でもみ洗いし、水に入れ沸騰させてから15分ゆでる
キクラゲ 干しシイタケ	7〜8倍 4〜5倍	水に20分浸す カサの裏側をよく洗ってゴミを除き、冷蔵庫で3時間〜半日、水に浸す
小豆 大豆 緑豆春雨 こうや豆腐	2.5〜3倍 2〜2.5倍 3〜4.5倍 5〜6倍	たっぷりの水(豆の5倍)でゆでる ボウルの水で数回洗い、豆の4倍の水に6時間浸す 春雨の5倍量の沸騰した湯で1分ゆで、ふたをして5分蒸らす 膨軟剤(重曹)使用のものは、湯戻ししない。そのまま、味付けした煮汁の中に入れて調理できる。 膨軟剤不使用のものは、一度60度くらいのたっぷりの湯で軟らかく戻し、両手で挟んで、固くしぼってから使う。

出典:『ビジュアルガイド食品成分表』より

調味料の選び方

　素材の良さを生かして、薄味でおいしく仕上げるためには、基本調味料はとても重要です。価格が多少高めでも、天然醸造のもの、精製されすぎていないものを選びましょう。

●塩
　電気分解で作られた塩化ナトリウム99％の精製塩よりも、にがり成分が含まれている自然塩を。マグネシウムをはじめミネラルのバランスがよく、塩味がまろやかでおいしく仕上がります。

●みそ
　国産大豆で、時間をかけて醸造させた天然醸造のみそを使いましょう。加温して短期間発酵させたみそ、遺伝子組み換え大豆のものや化学調味料（うま味調味料）入り、防腐の目的でアルコールを添加したものが多く売られていますが、これらのみそは、できるだけ避けましょう。

●しょうゆ
　国産の丸大豆を使い、天然醸造で作られたしょうゆをおすすめします。
　加温して短期醸造された大量生産のしょうゆや、石油系溶剤を使い、油脂分を搾ったあとの脱脂大豆で作ったしょうゆが安く売られています。しかし、うま味に欠けるうえ、化学調味料を使用しているものもあります。
　なお、薄口しょうゆは、濃い口しょうゆよりも塩分が多いので注意しましょう。

●酢
　時間をかけて発酵させた天然醸造酢を選びましょう。
　原料の米の量が一番多いのが純米酢です。うま味、甘味があり、酢味がまろやかです。価格の安い穀物酢は、酸味が強く、輸入のクズ米や輸入コーン（遺伝子組み換え）を使っていることも多いようです。リンゴ酢は酸味がまろ

やかなので、シソジュースなどの飲みものに適しています。

●砂糖

　精製された白砂糖よりも、ミネラル成分が残っているテンサイ糖（ビート糖）、黒砂糖、キビ糖、粗糖がおすすめです。
　とくにテンサイ糖は、腸内環境を改善するオリゴ糖を含んでいます。
　これらの糖分は、こくがあるので、白砂糖より使用量が少なくて済みます。
　ただし、精製されていない糖類は、色がついているので、料理を白く仕上げたい場合は、白砂糖を使うこともあります。

●みりん

　「みりん」と名のつく調味料は、いろいろ市販されていますが、みりんは本みりんがおすすめです。
　もち米に米こうじと焼酎やアルコールを混ぜ、発酵させて、ろ過したものが、本みりん。煮立ててアルコール分を飛ばして使います。
　本みりんにアルコールや焼酎を加えて作り直したものが、本直しみりんです。本みりんより、エキスや甘味が少ないのが特徴です。
　みりん風調味料は、化学調味料や水あめなどの糖類を加えたもの。発酵調味料は、アルコール分と塩分を含みます。

●植物油

　大豆油とコーン油、ベニハナ油は、リノール酸が多いため、アレルギーや認知症、うつの誘因になると指摘されています。原料の大豆とコーン、ナタネは、ほとんどが遺伝子組み換えの輸入品です。
　健康に良い油は、シソ油、エゴマ油ですが、加熱すると酸化しやすいので、サラダ用など生で使用しましょう。大豆油、コーン油などは、石油系溶剤を使用した抽出法で搾油されています。圧搾搾りのオリーブ油や国産ナタネ油、ゴマ油、シソ油、エゴマ油の一番搾りが安心です。
　最近では、ココナツオイルが認知症予防に良いと言われています（有機栽培のものが良い）。常温で固体で、酸化しにくいため、加熱料理などに。

分量の目安

●ひとつまみ
親指・人さし指・中指の3本の指先でつまんだ量。ひとつまみでほぼ小さじ1/5〜1/4程度。

●少々
「ひとつまみ」よりちょっと少なめで、親指と人さし指の指2本でつまんだ くらいの量（小さじ1/8程度）。

●大さじ1
15cc（ml）

●小さじ1
5cc（ml）

＊計量スプーンには、小さじより小さい2.5cc（ml）のものもあるが、上記の2点が一般的

●粉類をはかる

1杯は、たっぷりすくい、すりきりで平らにする。

1/2杯は、1杯取ったあと、上から見て左右どちらか半分を取り除く。

●液体をはかる

1杯は、表面張力で盛り上がるまで、なみなみと入れる。

1/2杯は、スプーンは下が狭くなっているので、7分目くらいが目安。

野菜の切り方

●輪切り	●半月切り	●イチョウ切り
	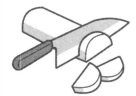	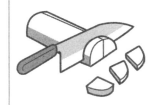
丸い材料を小口から適当な厚さに切る	丸い材料をたて半分に切って、小口から切る	丸い材料をたて4つにし、小口から切る
●小口切り	●千切り	●みじん切り
	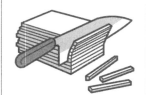	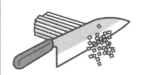
材料の端の方からやや薄めに切る	薄切りにしたものを、端から細く切る	千切りにしたものを、さらに細かく刻む
●たんざく切り	●拍子木切り	●さいの目切り
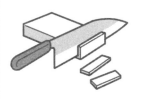	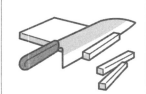	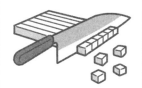
長さ4～5cm、厚さ1cmに切ったものをさらに薄く切る	長さ4～5cmで7～8mm角の棒状に切る	1cm角の拍子木に切ったものをそろえて、小口から1cm幅に切る

●くし切り

タマネギ、トマトなどを
たて半分に切り、
芯を中心にくし形に切る

●乱切り

手前に少しずつ回しながら
切る

●斜め切り

材料に対し包丁を斜めにして
切る。長ネギなどに

●そぎ切り

中華料理などで、
包丁をねかせてそぐ

●色紙切り

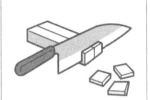

2.5cm角に切ったものを薄く切る。キャベツなどの炒めものに

●ささがき

ゴボウやニンジンを鉛筆を削るようにそぐ。たてに切り目を入れると、手早くできる

●白髪ねぎ

長ネギを4～5cmに切り、
さらに切り開いて芯をとり、
たてに細かく刻んで水にさらす

●かつらむき

大根のような筒状の材料を、
左手で回しながら帯状に薄く
むく。細切りして刺身のつまに

●面とり

煮くずれを防ぐため角を落として なめらかにする

魚のおろし方

　家庭で魚をおろすことが、めっきり少なくなっています。でも、おろし方を知っていると、レパートリーが広がり、楽しくなります。

●**下処理**
ウロコと頭をとる。頭は中骨に向けて斜めに包丁を入れる。
腹側に包丁を入れ、内臓を取りきれいに水洗いする。

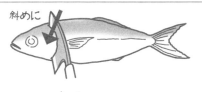
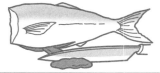
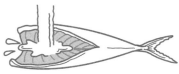

●**二枚おろし**
❶下処理をすませた魚の背ビレと尾ビレの横に包丁を入れる。

❷包丁を背中の側から入れ、中骨まで切り込み、頭から尾まで切り裂く。

❸魚の向きを変え、腹側から包丁を入れ、尾から頭まで切り裂く。

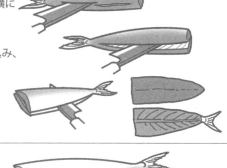

●**三枚おろし**
二枚におろした下身（中骨つきのもの）を骨のほうを下に伏せて背側に包丁を入れ、次に腹側に包丁を入れて中骨をはずす。

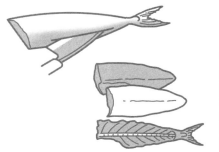

食品別索引

野菜

エノキダケ
　エノキダケのカツオ風味 ……… 83
カブ
　カブ・カブの葉のぬか漬け …… 40
　カブの三五八漬け ……………… 42
キャベツ
　麹で漬けるニシン漬け ………… 11
　キャベツのぬか漬け …………… 40
　コールスローサラダ …………… 48
キュウリ
　キュウリのぬか漬け …………… 40
　キュウリの三五八漬け ………… 42
　キュウリのピクルス …………… 61
　即席しば漬け …………………… 62
　キュウリの炒め酢漬け ………… 74
　あちゃら漬け …………………… 78
コマツナ
　コマツナのナムル …………… 108
コンブ
　サンショウ風味　シイタケとコンブの佃煮 … 44
サツマイモ
　干しいも ………………………… 15
サンショウ
　サンショウの実の佃煮 ………… 43
　サンショウ風味　シイタケとコンブの佃煮 … 44
シイタケ
　サンショウ風味　シイタケとコンブの佃煮 … 44
シソ
　シソジュース …………………… 67
　シソの実の塩漬け ……………… 75
　シソの実と米麹のしょうゆ漬け　76

　シソの実の佃煮 ………………… 77
ショウガ
　自家製のガリ …………………… 73
大根
　みの干し大根漬け ……………… 14
　大根の葉のぬか漬け …………… 40
　千切り干し大根 ………………… 95
　切り干し大根の煮物 …………… 95
　切り干し大根のハリハリ漬け … 96
　大根とユズの塩漬け …………… 97
　ユズ巻き大根 …………………… 97
　大根なます ……………………… 98
タケノコ
　干しタケノコ …………………… 35
　干しタケノコの蒸しおこわ …… 36
　タケノコのピクルス …………… 60
トマト
　トマトピューレ ………………… 68
　トマトケチャップ ……………… 69
ナス
　ナスのぬか漬け ………………… 40
菜の花
　菜の花の即席漬け ……………… 29
ニンジン
　ニンジンのピクルス …………… 61
ネギ
　ネギみそ ………………………… 20
　薬味のしょうゆ漬け …………… 63
ハクサイ
　ハクサイの漬物 ……………… 100
　ハクサイキムチ ……………… 101
ハヤトウリ
　ハヤトウリのピクルス ………… 60

フキ
　フキの葉の佃煮 ……………… 30
フキノトウ
　フキノトウみそ ……………… 19
ミョウガ
　ミョウガの甘酢漬け ………… 72
ラッキョウ
　ラッキョウ漬け ……………… 59
レンコン
　レンコンのピクルス ………… 60
その他の野菜
　生野菜のしょうゆ漬け ……… 49
　蒸し野菜 ……………………… 82

果物

甘夏ミカン
　甘夏のマーマレード ………… 32
　甘夏の皮の含め煮 …………… 33
イチゴ
　イチゴジャム ………………… 34
梅
　梅干し ………………………… 50
　減塩　小梅のカリカリ漬け … 52
　中梅・大梅のカリカリ漬け … 53
　赤ジソのふりかけ　ゆかり … 53
　カリカリ梅のシロップ漬け … 54
　梅ジュース …………………… 55
　梅甘酢 ………………………… 56
　梅酒 …………………………… 57
　梅じょうゆ …………………… 58
柿
　干し柿 ………………………… 99
クリ
　クリの渋皮煮 ………………… 89
クルミ
　クルミみそ …………………… 21

　クルミ入り田作り …………… 81
ミカン
　ミカンの皮の砂糖漬け ……… 22
　ミカンの皮の砂糖漬け入り蒸しパン　23
ユズ
　ユズみそ ……………………… 20
　大根とユズの塩漬け ………… 97
　ユズ巻き大根 ………………… 97
　ユズ砂糖 ……………………… 110
リンゴ
　ドライアップル ……………… 84
　リンゴジャム ………………… 85

大豆

　寒仕込み　自家製みそ ……… 16
　五目豆 ………………………… 31
練りみそあれこれ
　基本の練りみそ ……………… 18
　フキノトウみそ ……………… 19
　木の芽みそ …………………… 19
　ネギみそ ……………………… 20
　ユズみそ ……………………… 20
　肉みそ ………………………… 21
　クルミみそ …………………… 21

魚介類

アジ
　豆アジの南蛮漬け …………… 64
　アジのひと塩干し …………… 90
イカ
　イカの一夜干し ……………… 92
　イカのくん製 ………………… 103
イワシ
　イワシの辛煮 ………………… 65
　イワシのトウガラシ酢煮 …… 66
　イワシのみりん干し ………… 93

イワシのさつま揚げ …………… 94
カキ
　　カキのしぐれ煮 ………………… 12
カツオ節
　　作りおき濃縮だし汁 …………… 70
　　二番だし ………………………… 71
　　だしがらで作る佃煮 …………… 71
サケ
　　生サケの甘酒漬け ……………… 9
　　サケのフレーク ………………… 87
　　イクラ・サケの親子丼 ………… 88
サバ
　　サバのそぼろ …………………… 86
　　サバのそぼろ丼 ………………… 88
サワラ
　　サワラの粕漬け ………………… 24
サンマ
　　サンマのショウガ煮 …………… 80
タラ
　　魚のみそ漬け …………………… 25
チリメンジャコ
　　チリメンジャコのふりかけ …… 37
トビウオ
　　トビウオの板付きかまぼこ …… 107
ニシン
　　ニシン漬け ……………………… 11
ホタテ
　　生ホタテ貝のくん製 …………… 105

===== 肉 =====

鶏肉
　　鶏そぼろ ………………………… 79
豚肉
　　豚肉のくん製 …………………… 106

===== 牛乳 =====

　　自家製ヨーグルト ……………… 45

===== ぬか =====

　　ぬか漬けの床作り ……………… 38
　　ぬか漬け野菜 …………………… 40

===== 麹 =====

　　甘酒 ……………………………… 7
　　べったら漬け …………………… 8
　　生サケの甘酒漬け ……………… 9
　　甘酒で作る低塩の漬床 ………… 10
　　ニシン漬け ……………………… 11
　　三五八漬けの床作り …………… 41
　　キュウリ・カブの三五八漬け … 42
　　シソの実と米麹のしょうゆ漬け… 76
　　塩麹 ……………………………… 109

===== 酒粕 =====

　　基本の粕みそ床 ………………… 24
　　サワラの粕漬け ………………… 24

===== 桜の花 =====

　　桜の花の塩漬 …………………… 26
　　桜もち …………………………… 27
　　桜おこわ ………………………… 28

===== 茶 =====

　　緑茶 ……………………………… 46

執筆者一覧

青木綾子	有機栽培・青木みかん園(静岡市)
池上保子	料理研究家、管理栄養士
石井正江	NPO法人食農研センター事務局長、ワーカーズ・フェアビンデン代表
市川和子	茨城県南農民組合女性部会員
任 愛珠	韓国ソウル在住
上野恵子	新日本婦人の会野田支部会員
杵塚敏明	人と農・自然をつなぐ会(静岡県藤牧市)
栗原澄子	日本の伝統食を考える会東京連絡会代表、元成蹊中学・高校家庭科教諭
清水信子	料理研究家、家庭栄養研究会顧問
竹永シズコ	生活協同組合熊本いのちと土を考える会会員
つぶつぶグランマ ゆみこ	雑穀料理家、食と心のデザイナーフゥ未来生活研究所
寺島恵子	長野県農業大学校非常勤講師、栄養士、食育指導士
中村允俊	公立菊池養生園診療所栄養士(熊本県菊池市)
西川倍江	岡山食べもの通信読者会代表
西山一枝	管理栄養士、元家庭栄養研究会編集委員
古川年巳	古川クッキングスクール校長(福岡市)
丸山光代	自然料理研究家
宮嶋京子	共働学舎新得農場(北海道上川郡新得町)
吉田玲子	整体師、家庭栄養研究会会員
吉楽里美	吉楽旅館女将(長野県下水内郡栄村)
家庭栄養研究会台所プロジェクト	

●**本書編集担当**
　家庭栄養研究会　神島あかえ／千賀ひろみ／高橋秀子

家庭栄養研究会の紹介

　家庭栄養研究会は、食の安全と日本の伝統的な食文化に根ざした健康への願いから、1969年、食の研究団体として発足しました。「心と体と社会の健康」を高める食生活を提言し、会の活動の指針としています。月刊『食べもの通信』（創刊1970年）、単行本の編集をはじめ、全国の会員による「台所」「給食」「放射能」などのプロジェクトチームが活動。食の安全や健康、食教育、消費者の権利、食料主権、環境や平和の問題など、食や食料生産を取り巻く問題の調査・研究、学習会・読者会の開催、講師活動、国への政策提言・アピールを行っています。皆様のご入会をお待ちしています。

〒101-0051東京都千代田区神田神保町1-44
TEL 03-3518-0624　FAX 03-3518-0622
メール：tabemono@trust.ocn.ne.jp

月刊『食べもの通信』

食の安心・安全を願うあなたに
役立つ最新情報をお届けします

編集：家庭栄養研究会／発行：食べもの通信社／発売：合同出版
B5判 44ページ
（毎月20日全国書店で発売）

1部定価（本体505円＋税）

年間購読料　7,100円（税・送料込み）

◆申し込み先：食べもの通信社
Tel：03-3518-0623　Fax：03-3518-0622

四季の保存食と作りおきレシピ100
安心・おいしい・らくらく!

2015年2月25日　第1刷発行
2016年9月15日　第2刷発行

編　者　家庭栄養研究会
発行者　上野良治
発　行　株式会社食べもの通信社
　　　　〒101-0051 東京都千代田区神田神保町1-44
　　　　電話　03(3518)0621／FAX03(3518)0622
　　　　URL　http://www.tabemonotuushin.co.jp/
　　　　振替　00190-0-88386

発　売　合同出版株式会社
　　　　〒101-0051 東京都千代田区神田神保町1-44
　　　　電話　03(3294)3506／FAX03(3294)3509
　　　　URL　http://www.godo-shuppan.co.jp/

印刷・製本　株式会社シナノ

■刊行図書リストを無料送呈いたします。
■落丁乱丁の際はお取り換えいたします。

本書を無断で複写・転訳載することは、法律で認められている場合を除き、著作権および出版社の権利の侵害になりますので、その場合にはあらかじめ小社あてに許諾を求めてください。

ISBN978-4-7726-7702-8　NDC596　210×148
©kateieiyoukenkyukai, 2015